Charles Meyer/ Doris Carmen Meyer

Mein Mann hat eine Jüngere!

Charles Meyer / Doris Carmen Meyer

Mein Mann hat eine Jüngere!

Wenn Männer außer Kontrolle geraten

orell füssli Verlag AG

Autorenwebsite:

www.charlesmeyer.ch

www.meyermeyer.ch

Redaktionelle Bearbeitung: Dörthe Binkert
Umschlagabbildung: © iStockphoto.com
Umschlaggestaltung: Andreas Zollinger, Zürich
Druck: fgb • freiburger graphische betriebe, Freiburg

ISBN 978-3-280-05386-7

Bibliografische Information der Deutschen Nationalbibliothek:
Die Deutsche Nationalbibliothek verzeichnet diese Publikation in der Deutschen Nationalbibliografie; detaillierte bibliografische Daten sind im Internet abrufbar über http://dnb.d-nb.de

Inhalt

Einleitung – Ein neues Leben beginnen

In der Mitte des Lebens kommt es oft unerwartet zu einer Krise. Manche Paare trifft diese Krise mitten in einem guten, glücklichen, meist aber von Routine geprägten Lebensabschnitt: Die Kinder sind aus dem Gröbsten heraus, die Karriereleiter ist erklommen, das Leben funktioniert. In diesem Moment der relativen Sicherheit kann es plötzlich zu ungeahnten Erschütterungen kommen. Es ist, als lebten wir auf einem Stück Boden, unter dem ein Drache schläft. Und dieser Drache wälzt sich im Schlaf, macht es sich erneut bequem, und alles, was über ihm ist, wird furchtbar durcheinandergeschüttelt. Es kann sein, dass wir in der Mitte des Lebens durchgerüttelt werden, weil unser Drache, unsere Seele tief im Verborgenen unbequem liegt und sich neu betten will.

In diesem Buch erzählen und analysieren wir Geschichten von Paaren, bei denen der Mann plötzlich in eine totale Krise gerät und sich Hals über Kopf in eine jüngere Frau verliebt. Bar jeglicher Vernunft stürzen sich manche Männer in dieses Abenteuer, das ihnen «endlich Glück» verspricht. Völlig unverständlich für ihre Ehefrauen. Diese Männer werfen alles über Bord, die langjährige Beziehung zur Frau, ihr Vatersein, ihr bisheriges Leben. Es ist, als suchten sie ein ganz neues Leben, als wollten sie sich aus ihrem alten Leben herauswinden wie eine Schlange aus ihrer zu eng gewordenen Haut. Und sie kümmern sich dabei keinen Deut um die Schmerzen, die sie ihren Frauen und ihren Kindern damit zufügen.

In diesen Geschichten erscheinen die Männer oft als Täter. Als gewissenlose, verantwortungslose, hemmungslose Egoisten. Und die Frauen – zumindest am Anfang – als geschockte Opfer, getroffen von einem um sich schlagenden Partner, den sie so noch nie erlebt haben. Es ist, als wäre er plötzlich ein Anderer, als zeigte er sich auf einmal von seiner übelsten Seite, einer Seite, die er bis anhin versteckt gehalten hat. Und unser erster Reflex ist dann, ihm die Schuld zuzuschieben für das Unglück, das er anrichtet.

Es geht uns in diesem Buch aber nicht darum, Schuldige zu suchen. Schuld ist nur im ersten Moment interessant. Das Zuweisen von Schuld hilft uns zu Beginn, die Fronten zu klären. «Du hast mich und die Kinder sitzen gelassen!», «Du hast dein Eheversprechen gebrochen!», «Du bist schuld an unserem Unglück!». Die Empörung über die Schuld des Andern hilft uns, in die Wut zu kommen, den Anwalt anzurufen, die Scheidung einzureichen, die Trümmer aufzuräumen und reinen Tisch zu machen. Wut ist eine gute Kraft dafür, sie reinigt den Boden, auf dem wir fortan stehen. Das Zuweisen von Schuld hilft uns, einen Ausgleich zu verlangen, Gerechtigkeit zu fordern, Alimente, Unterhalt einzufordern, und das ist gut so. Wenn wir aber auf Dauer beim Schuldzuweisen bleiben, besteht die Gefahr, dass wir auch Opfer bleiben. Als Opfer haben wir zwar den Vorteil, dass wir moralisch höher stehen als der Täter. Aber es bringt uns auf die Dauer nicht weiter.

Das Leben geht aber weiter nach diesem Erdrutsch, auch nach dem Verlust des Partners, nach dem Zusammenbruch der Beziehung. Und damit wir nach solch einem furchtbaren Geschehen weiterleben können, brauchen wir ein möglichst klares Verständnis dafür, was uns da widerfahren ist. Es geht uns in diesem Buch darum zu verstehen, warum sich der Drache im Schlaf unruhig gewälzt hat. Denn es ist unser Drache, unsere Seele, unser Unbewusstes, das sich da regt. Und die Wahrscheinlichkeit ist groß, dass die «Nachricht» des Drachen beiden gilt, nicht nur dem Mann, der dabei vollständig durcheinandergeschüttelt wird, oft ins Infantile, ins Kindliche abgleitet und außer Kontrolle gerät. Die «Nachricht», nach der wir uns zu richten haben, gilt auch für die Frau. Auch sie wird zurückgeworfen auf ihr Eigenes. Brutal. Unmissverständlich. Und auch für sie bringt diese Krise eine Chance zu wachsen, sich neu im Leben einzurichten, sich neu zu erfinden. Wenn auch erst aus der Not heraus.

Wir wollen in diesem Buch etwas von dem Geheimnis entdecken, das Paare zusammenhält oder auseinandertreibt. Es geht uns darum, zu zeigen, wie Männer und Frauen sich aneinander oder auseinanderentwickeln, was dabei manchmal unter die Räder gerät und später als mächtige Forderung ins Leben zurückkommt, wenn Männer sich plötzlich eine Jüngere nehmen und nachholen wollen, was sie «verpasst» haben. Und wir fragen danach, wie Frauen und Männer nach dem Horror einer Trennung weiterleben, welche Bewältigungsstrategien sie entwickeln und ob sie ihr Glück gefunden haben.

Wir schreiben dieses Buch als Paar. Wir sind seit 36 Jahren zusammen und haben diese Krise genau so durchlebt.

Die meisten Paare geraten irgendwann in eine solche Phase, wo der Drache sich herumwälzt. Einige gehen im Laufe dieses Prozesses auseinander, andere finden sich wieder. Die Gründe dafür sind verschieden. Jede Geschichte ist anders und folgt ihren eigenen Gesetzmäßigkeiten. In unserer Arbeit als Coachs – auch für Paare – hilft uns unsere eigene Erfahrung oft, die beiden Partner zu verstehen. Für dieses Buch haben wir uns aufgeteilt und auseinandergesetzt. Doris Carmen Meyer lässt Frauen erzählen, Charles Meyer Männer. Es ist eine sehr unterschiedliche Sicht der Dinge, die wir da angetroffen haben. Aber das ist ja auch kein Wunder. Jeder Mensch erzählt sich seine eigene Geschichte dauernd neu, und dauernd überschreibt er sie. Wir müssen das tun, damit wir uns jeden Morgen im Spiegel begegnen können. Würden wir uns objektiv sehen können, wäre das Leben vielleicht gar nicht erträglich. Wüssten wir dauernd um unsere Mängel, unsere Fehlentscheide, unsere Feigheit, hätten wir dann noch immer die Größe, uns selbst zu mögen? Vielleicht.

Natürlich und verständlich ist deshalb, dass wir uns unsere eigene Geschichte schönschreiben. Wir deuten unser Verhalten zu unseren Gunsten. So können wir auch hier in diesem Buch keine «wahren» Geschichten wiedergeben, sondern «nur» persönliche. Die Sicht der verlassenen Frau, die Sicht des überwältigten Mannes. Trotzdem sind diese Lebensgeschichten spannend.

Die Spannung zwischen Mann und Frau, die Erotik entsteht ja gerade dadurch, dass wir anders sind, die Welt anders wahrnehmen, anders erklären. Es ist nicht die Harmonie, die uns weiter bringt. Harmonie lässt uns ruhen. Was zwischendurch ganz gut sein kann. Aber es ist die Spannung, das unterschiedliche Wahrnehmen der eigenen Bedürfnisse und Absichten, die uns hilft, voneinander zu lernen, uns gegenseitig zu helfen, uns gegenseitig anzuerkennen. Dieses Buch, so hoffen wir, spannt einen Bogen zwischen Männern und Frauen. Vielleicht hilft es, die andere Seite ein wenig zu verstehen. Und von ihr zu lernen.

Und im besten Falle macht dieses Buch Mut, die Katastrophe zu überwinden, wie Phönix aus der Asche aufzuerstehen und ein neues Leben zu beginnen. Mit der Erfahrung, die man gemacht hat. Mit dem Eigenen, das man dabei vielleicht gefunden hat. Das bedeutet dann am Ende vielleicht sogar ein «Happy End» für beide. Und Frieden mit dem, was mir widerfahren ist.

Mein Mann hat eine Jüngere:

Eine Geschichte,

wie sie viele Frauen erleben –

die Geschichte von Sabine

Von Doris Carmen Meyer

Sabine Bach, eine Frau um die 50, kam gerade vom Einkaufen nach Hause, als ihr Leben von einer Sekunde auf die andere völlig auf den Kopf gestellt wurde. Ahnungslos hatte sie den Einkaufskorb auf den Boden gestellt und den Anruf ihres Mannes Peter entgegengenommen. An das Datum dieses Tages erinnert sie sich noch vier Jahre später genau. Peter teilte ihr über sein Handy lapidar mit: «Hallo Sabine. Ich komme heute Abend nicht nach Hause. Ich bin hier im Hotel in Frankfurt mit einer anderen Frau. Ich habe mich verliebt. Unsere Ehe ist am Ende.» Die Nachricht kam für sie aus heiterem Himmel. «Ich fiel aus allen Wolken. Ich war total schockiert, was sollte das? Zuerst war da nur ein Gefühl absoluter Leere. Ich brachte meinen Einkaufskorb in die Küche und packte ihn mechanisch aus. Da waren die vier Steaks, die ich gekauft hatte. Es sollte etwas Gutes zum Abendessen geben.» Sabine hatte sich auf Peters Rückkehr von seiner Geschäftsreise gefreut, genauso wie die beiden Kin-

«Einschlafen konnte ich erst bei völliger Erschöpfung und auch dann nur kurz. Das Aufwachen war immer schrecklich – im ersten Moment war alles in Ordnung, aber dann kam die Erinnerung mit Wucht zurück.»

der. «Ich starrte auf das Fleisch. Ein Steak war nun überzählig ...»

Dann brach Sabine zusammen.

«Seltsamerweise wollte ich zunächst meinen Freundinnen nichts davon erzählen, ich wollte es niemandem sagen», erzählt Sabine später. «Ich glaube, ich hab mich geschämt.» Doch dann überwand sie die Hemmung und rief unter Tränen ihre Freundinnen an. Die reagierten sofort und betreuten sie in den nächsten Wochen abwechselnd rund um die Uhr. «In dieser Zeit hab ich nur geheult, geraucht und literweise Wasser getrunken. Einschlafen konnte ich erst bei völliger Erschöpfung und auch dann nur kurz. Das Aufwachen war immer schrecklich – im ersten Moment war alles in Ordnung, aber dann kam die Erinnerung mit Wucht zurück.» Sabine ist heute noch dankbar, dass sie damals von ihren Freundinnen so gestützt wurde. Besonders geholfen hat ihr auch, dass ihre Schwester aus dem Ausland anreiste und eine Weile bei ihr blieb. «Sie kennt mich schließlich am besten von allen.»

Sabine Bach ist mit ihrem Schicksal nicht alleine. Ob die Tendenz zugenommen hat oder ob es schon immer so war, dass Männer von einem Tag auf den anderen aus einer funktionierenden Ehe aussteigen – wir wissen es nicht. Aber es fällt immer mehr auf: Manch eine Ehe scheint in bester Ordnung. Manch ein Paar gilt unter seinen Freunden als Traumpaar, und dann, plötzlich, ist alles nicht mehr wahr.

Am Tag nach dem Anruf packte Sabine die Sachen ihres Mannes zusammen, und Peter holte sie ab. Seine Frau stellte ihn zur Rede, verlangte zu wissen, was denn eigentlich passiert sei. Es stellte sich heraus, dass Peter seit etwa acht Wochen mit einer Russin liiert war. Angefangen hatte das Ganze mit einer geschäftlichen Beziehung zu Russland. Seine Geschäftsfreunde hatten ihn zum Jagen eingeladen, mit dabei war auch eine junge Dolmetscherin. «Ich hab die Fotos sogar gesehen», sagt Sabine, «ich habe sie ausgedruckt, um Alben für seine Geschäftsfreunde zu machen, als Dankeschön.» Sie staunt heute noch über ihre Naivität. «Im Nachhinein ist mir dann schon aufgefallen, dass seine Geschäftstermine sich häuften. Einmal fuhr ich mit unserer Tochter für zehn Tage in die Ferien, mein Sohn wollte zu Hause beim Vater bleiben. Er erzählte mir dann am Telefon, dass Peter nie zu Hause und der Kühlschrank leer sei. Mein Mann hatte ihm nicht einmal Geld da gelassen, damit er sich selbst versorgen konnte. Auch das fügte sich nun plötzlich ins Bild.»

Was bringt gestandene Männer dazu, ihre Familie einfach sitzenzulassen? Die Sorgepflicht für ihre Kinder einfach zu vergessen? Was verdreht ihnen dermaßen den Kopf, dass sie an nichts Anderes mehr denken können, als an die neue Liebe? Sabine war verzweifelt.

Heute, vier Jahre später, ist sie sehr offen und fair in ihrer Schilderung, aber manchmal packt sie noch immer ungläubiges Staunen: «Am Tag, nachdem er die Koffer geholt hatte, rief er an und fragte, wie es mir gehe. Was für eine Frage, was hat er denn erwartet?» Der Freundeskreis des Ehepaares war schockiert, die beiden hatten als Traumpaar gegolten. Der Bruch kam für alle völlig überraschend.

«Etwa einen Monat nach dem besagten Telefonanruf kam er zurück und erklärte mir und den Kindern, er habe Schluss gemacht mit der Frau, er wolle sie nie mehr wiedersehen», erzählt Sabine weiter. Alles würde wieder gut werden. Er wolle schauen, dass die Familie und die Ehe wieder in Ordnung kommen. «Wir gingen dann ein paarmal in eine Eheberatung. Aber ich hatte nie das Gefühl, er sei wirklich anwesend. Er wohnte zwar wieder bei mir, aber irgendetwas stimmte nicht. Trotzdem habe ich ihm vertraut. Ich hoffte so sehr, wir könnten die Beziehung retten. Ich hatte das halbe Leben mit diesem Mann verbracht, mit ihm Kinder aufgezogen, ein Haus gebaut.» Das ging etwa vier Monate so. Heute weiß Sabine, dass er die ganze Zeit über hinter ihrem Rücken Kontakt zu seiner Freundin hatte. Anscheinend hatte er alles minutiös geplant: «Er feierte Weihnachten mit der Familie und schenkte mir sogar noch einen Diamanten. Dann, am 6. Januar, saß er morgens auf der Bettkante und eröffnete mir, er ziehe aus, er brauche Platz für sich. Als ich fragte, wohin er ziehe, wollte er es mir nicht sagen.» Sabine erinnert sich noch ganz genau, was sie an diesem Tag machte. «Ich ging arbeiten, wie in Trance, und am Abend durchstöberte ich das ganze Haus und sammelte alles ein, was ihm gehörte. Ich stellte den Krempel in die Garage und rief ihn an, er solle alles abholen. Dann ließ ich mich von einer Juristin über meine Rechte informieren. Er musste daraufhin den Hausschlüssel abgeben, aber weiter finanziell für uns aufkommen. Der Hammer war, dass er am selben Tag vom Geschäft aus anrief und fragte, ob er nicht noch einmal für eine Nacht zu Hause schlafen könne.» Sie schüttelt ungläubig den Kopf. Irgendwie kann sie es noch immer nicht fassen.

> *Warum wünschen wir die treulosen Männer nicht zum Teufel? Zum Henker? Aufs Schafott? Was bewegt uns dazu, «es noch einmal zu versuchen»?*

Warum sind wir Frauen trotz der riesigen Enttäuschung und der Verletzung manchmal sehr lange sehr fair? Warum wünschen wir die treulosen Männer nicht zum Teufel? Zum Henker? Aufs Schafott? Was bewegt uns dazu, «es noch einmal zu versuchen»? Immer und immer wieder? Warum merken wir nichts, wenn der Mann dann doch wieder heimlich fremdgeht, wenn er uns etwas vorspielt? Sind wir Frauen naiv? Oder haben wir ein ganz anderes Verständnis von Beziehungen?

«Nun wollte ich eine Therapie für mich beginnen», erzählt Sabine weiter, «denn mir wurde bewusst, dass ich meine Freundinnen zu sehr strapazierte. Ich ertappte mich dabei, dass ich gar nicht mehr fragte, wie es ihnen ging, dass ich immer nur von mir redete. So konnte das nicht weitergehen.» Sabine fand dann auch eine Therapeutin, die ihr von Anfang an sympathisch war. Diese wollte im Rahmen der Therapie auch mit Peter sprechen. «Ich rief ihn an und teilte ihm das mit. Ich war immer noch in dem Glauben, er wolle Zeit für sich, sei aber noch an unserer Beziehung interessiert.» Nach einem Gespräch zwischen ihm und der Therapeutin gab es eine gemeinsame Sitzung. Die Therapeutin eröffnete Sabine, ihr Mann habe gesagt, er sei schon lange unglücklich. In den Ferien habe er sich nur gelangweilt, und auch der Sex mit seiner Frau sei langweilig. Daheim sei es immer unordentlich gewesen, er hätte froh sein müssen, wenn er eine Tiefkühlpizza aufgewärmt bekam. Sabine ist noch immer empört, wenn sie davon spricht. «Unser Haus war immer aufgeräumt, und ich habe jeden Abend extra gekocht. Tiefkühlpizza gab es nie! Nicht ein einziges Mal!» Sie habe mit offenem Mund dagesessen in der Therapiestunde, sprachlos, unfähig, auch nur etwas dazu zu sagen. Erst als sie zusammen aus der Therapie weggingen, drehte sie sich zu ihm und sagte: «Du bist ein Arschloch!» Wie sie das erzählt, muss sie plötzlich lachen: «Später hat er sich darüber bei einer Freundin beschwert.» Damals war ihr gar nicht nach Lachen zumute: «Ich war wieder am Boden zerstört, denn ich hatte geglaubt, er wolle wirklich an unserer Beziehung arbeiten. Weshalb hätte er denn sonst mit in die Therapie kommen sollen?» Heute hat sie den Eindruck, er sei nur mitgekommen, um die Situation zu rechtfertigen.

Was denken sich Männer, wenn sie sich etwas in die Tasche lügen? Welcher Teufel reitet sie, wenn sie ihrer Partnerin gegenüber so tun, als wollten sie an der alten Beziehung arbeiten, obwohl sie von der neuen Beziehung vollkommen gefesselt sind? In welch schrecklichem Zwiespalt sind sie da und dürfen es doch nicht zugeben? Und warum dürfen sie es eigentlich nicht zugeben?

Zu allem Unglück starb bald darauf auch noch Sabines Mutter. Bitter erinnert sie sich, wie hart es war, in der ganzen Trauer und mit der anfallenden Arbeit von ihrem Mann alleine gelassen zu werden. «Und das, obwohl er ein sehr gutes Verhältnis zu meiner Mutter hatte. Er kam zwar zu ihrer Beerdigung, war aber sehr distanziert und kalt.» Nach dem Tod ihrer Mutter ließ sich Sabine für eine Zeit von ihrem Arbeitgeber beurlauben, weil sie glaubte, ihre Arbeitsleistung nicht voll erbringen zu können, und ein schlechtes Gewissen deshalb hatte.

Tragen Frauen alles alleine? Die Kinder, die Eltern, die Familie? Haben Männer kein Verantwortungsgefühl? Kein

Gewissen? Warum können Männer ihre Beziehungen zu Frau und Kindern manchmal so Knall auf Fall abbrechen? Sabine verstand die Welt nicht mehr.

Irgendwann erfuhr sie über die Kinder, dass Peter als Zwischenlösung in der Wohnung seiner abwesenden Schwester untergekommen sei. «An unserem Hochzeitstag im April brachte er mir einen Blumenstrauß vorbei, und auch sonst rief er öfter an, um mich zum Abendessen einzuladen. Ich glaubte deshalb immer noch an eine Chance für unsere Ehe. Von seiner Freundin war keine Rede mehr. Zu meinem 50. Geburtstag im Juni organisierten meine Freundinnen ein Riesenfest, und da hat er mitgeholfen, sogar die Gäste begrüßt mit den Worten ‹meine Frau und ich›. Heute glaube ich, dass er das alles aus schlechtem Gewissen heraus gemacht hat, vielleicht auch als Rückversicherung.» In jener Zeit hat er sogar hier und da bei Sabine übernachtet, «doch das Sexuelle war seit dem 6. Januar vorbei. Bis dahin hatten wir noch eine intime Beziehung, weil ich dachte, wir würden wieder zueinander finden.»

Welche Rolle spielt «das Sexuelle» bei der Frau, welche Rolle beim Mann? Gibt sie sich hin, in der Hoffnung, ihn zu binden? Und schläft er mit ihr, um sie zu «haben»?

Sabines Tochter Simone hat das Ganze von Anfang an mitbekommen und war schockiert. Sohn Patrick war damals im Ausland. «Als er zurückkehrte, verlangte ich von Peter, dass er ihn am Flughafen abholt und ihm erklärt, weshalb er nicht mehr zu Hause wohnt. Als Patrick dann heimkam, wollte er nicht mit mir darüber reden. Die Kinder waren traumatisiert, schämten sich, dass ihr Vater ein Verhältnis mit einer zwanzig Jahre jüngeren Russin hatte.

Auch die Kinder sind in Therapie gegangen, um das zu verarbeiten. Wir alle hofften immer noch, es werde wieder, weil wir ja nicht wussten, dass seine Beziehung weiterlief. Bis Anfang August glaubten wir ihm. Er wohnte mal allein, mal mit einem Kollegen zusammen. Ich dachte damals, wenn er wirklich seine Liebe gefunden hätte, wäre er doch mit ihr zusammengezogen. Im Juli fuhr er ‹geschäftlich› nach Indien, anschließend wollte er noch ‹alleine› Tauchferien machen. Und ich hab ihm natürlich geglaubt! Ich hab ihm immer alles geglaubt!» Anfang August kam er, um die Kinder zu sehen. Beim Abschied vor der Haustür sagte er dann, er sei nicht alleine in den Ferien gewesen, seine Freundin Natascha sei dabei gewesen und überhaupt, er habe den Kontakt zu ihr nie abgebrochen. «Noch mal stürzte eine Welt ein, noch mal volle Krise, aber immerhin war es nicht mehr so schlimm wie beim ersten Mal.» Auch die Kinder waren außer sich, nicht zuletzt, weil er auch sie angelogen hatte.

Was brachte Peter dazu, sogar seine Kinder anzulügen? Immer wieder seine Frau anzulügen? Sich selber etwas vorzumachen? Was macht es so schwer, dazu zu stehen, dass einen die Liebe gepackt hat? Ist es denn überhaupt Liebe, was Peter so aus der Bahn wirft? Oder geht es um Sex? Erlebt er bei seiner jüngeren Freundin einen Rausch, einen Jungbrunnen, ein Nachholen von Verpasstem, Ungelebtem oder läuft er schlicht vor dem absehbaren Älterwerden davon?

Fragen über Fragen. Sabine wusste keine Antwort. Natürlich hörte sie mit der Zeit Geschichten von anderen Paaren, von Männern, die ebenfalls einer Russin, einer Polin oder schlicht einer anderen jungen Frau begegnet und Knall auf Fall aus ihrer Ehe ausgestiegen waren. Offenbar war sie nicht allein mit ihrem Schicksal, offenbar war es – gerade in ihren Gesellschaftskreisen – Mode geworden, den Bettel hinzuschmeißen, die Familie stehen zu lassen und mit einer Jüngeren «neu» anzufangen. Sich von einer Jüngeren übertölpeln zu lassen. Sich ausnehmen zu lassen. Warum sind Männer so dumm? Sehen sie denn nicht, wie sie verführt werden, gemolken, verarscht?

«Ich ging die Treppe hoch, stürmte ins Schlafzimmer und sah sie zum ersten Mal. Da bin ich explodiert. Ich hab sie angeschrien, sie sei eine Hure und solle sich was schämen.»

Für Sabine sind inzwischen vier Jahre ins Land gezogen. Peter hat eine Wohnung in einer nahegelegenen Stadt, seine Freundin kam zeitweise zu Besuch, sie arbeitete als Juristin in Deutschland, inzwischen hat Peter sie aber in seinem eigenen Unternehmen angestellt. Doch Normalität scheint immer noch nicht in der Beziehung zwischen Peter und seiner Familie eingekehrt zu sein. «Diese Ostern hat er die Kinder wieder angelogen, er müsse geschäftlich nach Bali. Es stellte sich nachträglich heraus, dass er mit Natascha da war. Er lügt nach vier Jahren Trennung immer noch! Ich glaube ihm kein Wort mehr. Wenn ich ihn darauf anspreche, behauptet er, er wolle mich schonen.» Was geht in diesem Kerl vor, wenn er nach vier Jahren noch immer nicht zu seiner jungen Liebe stehen kann? Warum kann er seinen Kinder nicht sagen: Schaut mal, Mama und ich sind auseinandergegangen, ich habe eine neue Frau, aber euch habe ich noch immer gern und bleibe euer Vater. Warum schafft er das nicht? Sabine versteht es nicht.

Etwas mehr als ein Jahr nach der Trennung beschloss Sabine, an einem Sonntag bei ihrem Mann vorbeizugehen. «Ich weiß nicht, warum ich das tat. Irgendwie wollte ich Klarheit haben.» Sabine war vorher noch nie in Peters neuer Wohnung gewesen. «Er machte die Tür auf, begrüßte mich und sagte, sie sei oben im Bett. Ich ging die Treppe hoch, stürmte ins Schlafzimmer und sah sie zum ersten Mal. Da bin ich explodiert. Ich hab sie angeschrien, sie sei eine Hure und solle sich was schämen. Peter stand schweigend hinter mir. Ich drehte mich um und verließ schwarz vor Wut das Schlafzimmer, er kam mit mir wieder nach unten, die Russin blieb wortlos im Bett liegen. Ich hatte im Nachhinein den Eindruck, dass Peter sich gewünscht hatte, ich möge sie kennen lernen.» Nebenbei warf Sabine einen Blick in Peters Wohnung, da war ein Riesendurcheinander. «Ich schaute mich staunend um – er war angeblich wegen Unordnung gegangen!»

Heute, nach vier Jahren, bemerken ihre Freunde, dass Sabine sich verändert hat: «Neben ihm stand ich immer im Schatten, er war immer der Mittelpunkt, ich im Hintergrund. Mein Freundeskreis sagt, ich hätte mich positiv verändert. Aber ich stehe jetzt halt einfach für mich alleine ein und halte mich nicht mehr so zurück.» Ihr «Noch-Ehemann» Peter wird von ihren Freunden eher als der Verlierer wahrgenommen. «Ich finde, er hat sich stark verändert. Wenn ich ihn heute sehe, fällt mir im-

> *Sind wir Frauen, die wir Kinder aufziehen und die Familie beieinander halten, neuerdings dauernd in Gefahr, unsere Männer zu verlieren? An eine dahergelaufene «Natascha», die mit den Hüften wackelt?*

mer auf, wie hart und kalt er geworden ist. Das ist seltsam, denn er ist doch gegangen, weil er unglücklich war. Aber er ist heute nicht glücklich, das sieht man. Er wirkt unglücklich, und er lässt sich gehen. Dabei würde man eigentlich erwarten, dass er gerade mit einer zwanzig Jahre jüngeren Freundin auf sein Äußeres schaut.»

Sabines Schicksal ist kein Einzelfall. Diese Geschichten häufen sich. Im Salon der Edelfriseure werden sie genauso weitererzählt wie im Café der Kleinstadt. «Hast du schon gehört? Die Martina ist jetzt alleine mit ihren Kindern, der Mann ist abgehauen. Er hat jetzt eine Jüngere, eine aus dem Osten!» Und manchmal mischen sich in diese Erzählungen Untertöne von satter Zufriedenheit und Schadenfreude, manchmal aber auch von ungeschminktem Schrecken. Sind wir Frauen, die wir Kinder aufziehen und die Familie beieinander halten, neuerdings dauernd in Gefahr, unsere Männer zu verlieren? An eine dahergelaufene Natascha, die mit den Hüften wackelt? Die ihm Komplimente ins Ohr säuselt? Die sich hier im Westen ein besseres Leben verspricht und ihre Sexualität ungeschminkt als Waffe einsetzt, um sich einen Ernährer zu sichern?

Es sind oft Nataschas, die in solchen Geschichten auftauchen, aber manchmal sind es auch junge Frauen von hier, die sich einen älteren Mann «schnappen». Warum auch immer. Vielleicht, weil sie eine Vaterfigur suchen? Oder einen, der schon Karriere gemacht hat und ihnen etwas bietet, alles bezahlt? Wir haben mittlerweile viele Frauen und Männer kennen gelernt, seit wir dieses Buch in Angriff nahmen. Hier eine Bemerkung, dort eine Geschichte wurden an uns herangetragen. Schlimme Geschichten, unglaubliche Geschichten von Frauen, die plötzlich samt Kindern sitzengelassen werden. Geschichten von Männern, die durchdrehen, die vollkommen irrational handeln, ihr Vatersein vergessen, ihre Partnerschaft über den Haufen werfen und sich eine jüngere Frau nehmen – oder von einer gelockt werden –, die ihnen nicht das Wasser reichen kann, weder intellektuell, emotional oder finanziell, dafür aber mit Tricks, indem sie die Männer in den Himmel loben, sie bewundern, sie anstrahlen. Und die Männer glauben es! Unglaublich! Sie genießen die Bewunderung, ohne auch nur im Geringsten an sich oder an der Aufrichtigkeit ihrer jungen Geliebten zu zweifeln! Sie lassen sich aufblasen wie ein Ballon, inflationieren im höchsten Maße und merken es nicht. Sie lassen ihre Beziehung sausen, lassen ihre Kinder fallen wie heiße Kartoffeln, nur um diesen jungen Frauen zu folgen, ins Bett, in den Wahn. Ins Glück?

Seltsamerweise sind alle Frauen, deren Geschichten ich kennen lernen durfte und die hier erzählt werden sollen, starke Frauen, keine grauen Mäuschen, sondern attraktive Frauen, die mit beiden Beinen im Leben stehen, erfolgreiche Mütter, viele mit spannenden Berufen, selbstbewusst, emanzipiert – und gute Partnerinnen. Da ist zum Beispiel Regina, um die vierzig: Ihr Mann verliebt sich in eine Angestellte und findet dort plötzlich all das toll, was er bei ihr dauernd kritisiert hat und nicht zulassen wollte. Er verlässt sie und ihre beiden Kinder, ohne auch nur ein Körnchen schlechtes Gewissen zu zeigen. Oder Else, eine erfolgreiche Karrierefrau um die fünfzig, deren Mann plötzlich intensiv Fitness- und Muskelaufbautraining betreibt, sehr seltsam wird und ihr am Ende eröffnet, dass er nun mit einer seiner Untergebenen aus dem Betrieb zusammenleben will.

Oder nehmen wir Alexandra, eine ruhige, groß gewachsene Frau. Sie arbeitet als selbstständige Treuhänderin und hat mit ihrem Mann, einem Elektroingenieur, halbwüchsige Zwillinge. Eigentlich hält sie ihre Ehe für gut. Da gerät ihr Mann plötzlich in eine Midlife-Crisis, erträgt keine Kritik mehr und reagiert sofort sauer, wenn sie etwas besser weiß. Eines Tages kommt er nach Hause und erklärt, er habe sich in eine junge Kroatin verliebt und wolle sich von seiner Familie trennen. Oder Irmgard, heute 69, deren Mann Thomas nach 16 Jahren glücklicher Ehe plötzlich eine Jüngere nahm, später wieder eine und dann noch eine – Irmgard schaut staunend zu und fragt sich, wie das sein kann?

Oder die Geschichte von Céline, einer attraktiven kleinen Eurasierin um die sechzig, deren Mann sich in Vietnam in eine dreißig Jahre jüngere Vietnamesin verliebt, zu ihr zieht und alles hinter sich abbricht: den Kontakt, und die Zahlungen auch. Unglaubliche Geschichten. Und allen ist eines gemeinsam: In der neuen Beziehung des Mannes herrscht ein großes Gefälle! Er ist viel älter als seine neue Gefährtin, viel wohlhabender, viel gebildeter, viel erfahrener. Es ist, als hätten sich diese Männer nach Jahren der Partnerschaft mit einer Frau ein Töchterchen genommen, jung, hübsch, devot, vielleicht aber auch äußerst anspruchsvoll in finanzieller Hinsicht.

Ich habe während der Arbeit an diesem Buch aber auch mit solchen jungen Frauen gesprochen und mir ihre Geschichte angehört. Die Geschichte von Karin zum Beispiel, die sich mit 18 in einen zwanzig Jahre älteren Professor verliebt hat, der sich rührend um sie bemüht, ihr die Welt gezeigt hat, das große Parkett! Oder Beate, die sich von einem zwanzig Jahre älteren Schauspieler umwerben und verführen ließ, weil es prickelte, von einem solch schönen Mann begehrt zu werden. Aber auch die Geschichte von Irina, einer jungen Russin, die in ihrer Jugend schnell gelernt hat, dass Sex das übliche Mittel ist, um aufzusteigen und etwas zu erreichen – eine Studentenwohnung, einen Abschluss oder, noch besser, eine Beziehung zu einem Mann im Westen.

Und dann habe ich mit einer Tochter gesprochen, mit Sandra, und wollte wissen, wie es ist, wenn die Stiefmutter gleich alt ist wie man selbst, wenn der Vater eine neue nimmt, die eine Klassenkameradin sein könnte.

Was wir alle bei diesen Gesprächen nicht beantworten konnten, ist die Frage: Was treibt Männer in solch unmögliche Verhältnisse, was treibt sie derart um? Warum drehen sie durch? Warum verlassen sie Frau und Kind, als würden sie in einen heiligen Krieg ziehen? Und warum kümmert es sie keinen Deut, welche Schmerzen sie uns Frauen dabei zufügen? Obwohl wir sie doch lieben!

Einsichten

- Die Entscheidung des Mannes, sich zu trennen, kommt meist unerwartet wie ein Erdbeben und lässt Frau und Kinder fassungslos zurück.
- Das Geschehen ist für die verlassene Frau traumatisch. Behutsamkeit im Umgang mit sich selbst ist jetzt wichtig.
- Gute Freundinnen und Freunde können in dieser Situation hilfreich sein, beanspruchen Sie sie! Nur keine falsche Scham, dafür sind gute Freunde da.
  Niemand muss beweisen, dass er oder sie allein mit der Situation fertig wird.
- Oft lohnt es sich, professionelle Hilfe zu suchen. Auch für die Kinder kann therapeutische Unterstützung wichtig sein.

Und das sagen die Fachleute:

Paartherapeuten berichten, das Phänomen «Älterer Mann nimmt jüngere Frau» nehme in finanziell gut gestellten Kreisen auffällig zu. Immer häufiger melden sich Frauen, deren Mann sie und ihre Kinder verlassen hat. Knall auf Fall.
Logischerweise sind es im ersten Moment die Frauen, die Hilfe suchen, die Männer sind ja zu neuen Ufern unterwegs. Die zurückgelassenen Frauen sind mit ihrem Problem allein. Männer kommen allenfalls in eine Beratung, wenn es mit der Jüngeren nicht mehr klappt. Auch dann ist es fast immer die Frau, die ihn in die Beratung schleppt.
Wenn uns gravierende Verletzungen angetan werden, sind wir Menschen mit unseren üblichen Bewältigungsstrategien des Alltags überfordert. Eine überraschende Trennung vom

Lebenspartner kann in unserer Psyche Notfallmechanismen auslösen, wie sie beim Tod eines Partners, bei einem Unfall oder bei Gewalteinwirkung ablaufen: Wenn das Ereignis überraschend ist oder lebensbedrohlich, wenn es keine Optionen gibt, es zu verhindern, und weit und breit keine Hilfe in Sicht ist, erfüllt es die Voraussetzungen, dass unser Gehirn in diesem dramatischen Stress quasi auf Notbetrieb umstellt: Weder Flucht noch Angriff sind möglich, das Gehirn bleibt zwischen diesen beiden Optionen «stecken». Die Ereignisse können nicht mehr sinnhaft gespeichert werden, man bringt sie nicht mehr auf die Reihe. Der Zürcher Traumaspezialist Horst Kraemer kennt die Mechanismen, die in solchen Momenten ablaufen. Er schildert die Vorgänge im Gehirn wie folgt: «Ein solch bedrohliches Erlebnis kann zu totaler Verwirrung führen, zu Kontrollverlust, Schock. Die körperlichen Symptome dabei sind: Erschöpfung, Zusammenzug der Gefäße mit Auswirkungen auf das Kreislaufsystem, Schlafprobleme. Der Stress bindet Ressourcen, die Leistungsfähigkeit sinkt, das wiederum steigert die Ausschüttung von Stresshormonen, dadurch sinkt die Leistung erst recht.» Es braucht Zeit: Tage, Wochen, Monate, um überhaupt zu verstehen, was da genau passiert ist. Oft heilen solche traumatischen Prozesse mit der Zeit von selber ab, manchmal schafft es das Gehirn aber nicht ohne Hilfe, wieder ins Gleichgewicht zu kommen. «Das Allerwichtigste im ersten Moment ist», so Kraemer, «die Kontrolle über das eigene Leben sofort wieder in die Hände zu bekommen. Jeder gut gemeinte Versuch der Umgebung, jeder Rat der Freundin, tu doch dies, mach doch das, verstärkt beim ‹Opfer› nur das Gefühl des Kontrollverlustes und damit die traumatischen Prozesse im Gehirn.» Ratschläge sind Nackenschläge. «Freundinnen, Freunde», so Kraemer, «können sehr hilfreich sein, wenn sie den Betroffenen eine Wahl anbieten: Möchtest du zu mir kommen oder soll ich zu dir kommen? Möchtest du einen Kaffee oder einen Tee? Möchtest du reden oder lieber mit mir ins Kino kommen?» Wichtig ist, dass die Frau sich rasch wieder als Mensch erleben kann, der selbst entscheidet, statt ohnmächtig der Situation ausgeliefert zu sein, die ein anderer bestimmt.

Die Stressforschung hat verschiedene Strategien gefunden, mit denen wir Menschen in solchen Momenten versuchen, wieder ins Lot zu kommen und am Ende aus der Lebenskrise stärker und kompetenter hervorzugehen. Manche Menschen versuchen zuerst so zu tun, als sei gar nichts geschehen, als seien sie vom Pferd gefallen und müssten nur wieder aufsitzen; sie versuchen, die vorherige Welt wiederherzustellen. Manchmal gelingt dies, meist eher nicht. Andere Menschen versuchen, die starken Gefühle, die in solchen Momenten hochkommen, zu verdrängen, sich zusammenzureißen, Wut und Trauer zu verdrängen, dem Gefühlschaos auszuweichen. Sie versuchen sich abzulenken, mit Arbeit, Alkohol, Drogen über das Geschehene hinweg zu kommen. Aber gerade Gefühle sind Quellen der Kraft. Gefühle zulassen, auch wenn sie heftig sind, sie richtig einordnen ist ein gutes Mittel, um sich später von ihnen distanzieren zu können. Freundinnen und Freunde versuchen in solchen Momenten oft zu beruhigen: «Komm, beruhige dich, ist doch nicht so schlimm, es lohnt sich doch nicht, wegen solch einem Idioten so zu leiden...» Das ist wenig hilfreich. Freundinnen und Freunde können eine

große Hilfe sein, wenn sie einfach da sind und zuhören – und den Schmerz des Anderen aushalten.
Die zweite Strategie, die wir Menschen haben, um das Geschehene zu verarbeiten, ist reden, reden, reden. Beim Reden stellen wir Zusammenhänge her, wir stellen eine Geschichte her, die einen Sinn ergibt, für mich und für die Anderen. Dabei ist es nicht so wichtig, ob die Geschichte objektiv wahr ist, wichtig ist, dass sie einen Sinn ergibt, dann können wir mit ihr leben. Beim Konstruieren der Geschichte suchen wir nach Gründen, wir ordnen die Gefühle und geben dem Erlebten eine neue Bedeutung. Freundinnen und Freunde können dabei sehr hilfreich sein, indem sie zuhören, zuhören, zuhören.
Die wirksamste Strategie, einen solchen Lebenseinschnitt zu verarbeiten, geht noch einen Schritt weiter: Das unabänderliche Geschehen kann umgedeutet werden: Was mir passiert ist, macht für mich einen Sinn. Ich war ein Teil davon, und aus irgendeinem Grund musste es geschehen, damit ich weiterkomme. Welche Schritte stehen also für mich an? Diese Strategie ist sehr anspruchsvoll und ohne Hilfe nur schwer anwendbar. Wenn Freundinnen und Freunde hier nicht weiterhelfen können, lohnt es sich, professionelle Hilfe in Anspruch zu nehmen. Mit einer körperlichen Verletzung gehen wir selbstverständlich zum Arzt. Mit einer seelischen Verletzung können wir selbstverständlich zu einem Therapeuten.

Wenn Männer ausbrechen. Der berühmte «erste Blick» und seine fatalen Folgen

Von Charles Meyer

Männer sind meist genauso überrascht von dem, was mit ihnen passiert, wie ihre Ehefrauen. Kaum einer meiner Gesprächspartner hat sich den «Absprung» zuerst heimlich ausgedacht und ihn dann planmäßig umgesetzt, wie man das vom männlichen Rationalismus eigentlich erwarten würde. Doch Männer sind in Beziehungen selten rational, und in den meisten Fällen auch nicht männlich stark. Wenn sie Unbehagen verspüren, dann verdrängen sie es meist, bringen es selten zur Sprache – die Welt ist eh schon kompliziert genug. Der Stress im Job, die Anforderungen der Familie, der Druck auf einem Männerleben ist heute gewaltig, was soll man da noch groß über Beziehungen reden? Früher oder später – spätestens nach der Geburt des ersten Kindes – sind Ehefrauen für Männer wie Mütter: Sie sagen, wo's langgeht, am besten, man fügt sich.

Thomas ist so ein typischer Fall. Als er mir seine Geschichte erzählte, konnte ich sie kaum glauben, aber es gibt keinen Grund, an ihr zu zweifeln. Thomas ist heute 72 Jahre alt, ein schöner, gut aussehender Mann, etwas müde, etwas gebrechlich, aber noch immer hellwach und äußerst charmant, sobald eine jüngere Frau die Bühne seines Lebens betritt. Seine erste Ehefrau ist heute 69, seine heutige Ehefrau

Olga, die vierte, ist 38. Mit ihr hat er drei kleine Kinder. Nach der Geburt des dritten Kindes hat ihm seine schöne junge Frau aus Osteuropa erklärt, sie wolle nun keinen Sex mehr mit ihm haben. Darunter leidet er, er fühlt sich ein wenig verraten, aber der Neid der anderen Männer gleicht das aus. «Es ist einfach schön, eine so junge Frau zu haben.»

Thomas war 21, als er sein Mädchen Irmgard heiratete. Sie war damals 18 und sie kannten einander von Kindesbeinen an. Zusammen übernahmen sie das Fachgeschäft von Thomas' Vater und brachten es zur Blüte, er vorne im Verkaufsraum, sie hinten im Büro. Die beiden waren ein «ideales Team». Irmgard gebar ihm drei Kinder, und Thomas war «zufrieden» mit seinem Leben. Eigentlich hätten sie nun glücklich leben können bis ans Ende ihrer Tage. Aber das Leben geht nach dem «Happy End» eben weiter.

«Sie lachte mich an. Es war Liebe auf den ersten Blick. Sie war jung, fröhlich, hatte keine Kinder.»

In der Rückschau sucht der Mensch immer Gründe für das, was ihm geschehen ist. Nur wer Gründe erkennt, kann dem Geschehen einen Sinn geben. Die Gründe müssen nicht unbedingt wahr sein, wahre Gründe sind ja oft schmerzhaft anzuschauen und oft so vielschichtig, dass sie unser Denken überfordern. Aber wir brauchen Gründe, damit alles einen Grund hat und einen Sinn ergibt. Dann erst können wir «verstehen», können wir das Geschehen als eine Geschichte erzählen und mit der Zeit loslassen. Manchmal reichen zur Erklärung eines Vorganges auch Gründe aus, die von außen gegeben scheinen. Das hat den Vorteil, dass man nichts dagegen tun kann: Man ist unschuldig, jedenfalls nicht der Täter, sondern Opfer, ein Opfer der Umstände sozusagen. Thomas' Leben wurde «von außen» erschüttert. Einer seiner beiden Freunde starb plötzlich mit nur vierzig Jahren an Herzversagen. «Das hat mich ziemlich durchgeschüttelt», erzählt er. Zusammen mit einem anderen Freund unternahm er eine mehrtägige Bergwanderung zum Gedenken an den Verstorbenen, und «als wir dann abends vor der Berghütte müde und schweigend auf der Bank saßen, kam im Licht der untergehenden Sonne eine junge Frau auf die Hütte zugewandert. Sie lachte mich an. Es war Liebe auf den ersten Blick. Sie war jung, fröhlich, hatte keine Kinder …»

«Aus einer Affäre kann natürlich eine Beziehung werden. Das aber ist nicht der Kick. Weitaus häufiger passiert es, dass wir uns spontan von einem anderen Menschen fasziniert und angezogen fühlen, wir werden von unseren Gefühlen überrollt, als seien wir in einem Rausch. Das ist wunderbar, das ist erregend. Wo die Affäre hinführt, ist zunächst weder wichtig noch klar», meint der Psychologe Ulrich Clement.

Es ist dieser «erste Blick», dem wir Männer meist hilflos ausgeliefert sind. Er trifft uns tief in der Seele, und er nimmt keine Rücksicht auf das, was bisher geschah, was bisher unser Leben war. Der «erste Blick» wirft manchmal alles über den Haufen. Die meisten meiner Gesprächspartner erzählen von diesem ersten Blick und von der «zwingenden» Entwicklung, die ihm folgt. Der erste Blick ist das Ideal der Liebe, tausendfach in Märchen geschildert, in Romanen und Spielfilmen verklärt, und es dauert oft Monate bis Jahre, bis ihm endlich der zweite Blick folgt – aber bis dahin ist der erste Blick oft fatal.

Die Psychologie weiß heute recht viel über diesen ersten Blick. Was er in der Seele auslöst, so aufwühlend es auch sein mag, hat nach heutiger Sicht nicht viel mit Liebe zu tun. Schon der Volksmund weiß um diese Wahrheit, er spricht von «ver-liebt», so ähnlich wie von «ver-rückt», aus dem «Normalen» gerückt, aus der Liebe verschoben, «verblendet». Es ist auch nicht zwingend vom Schicksal bestimmt, dieses Geschehen, auch wenn daraus der übermächtige Wunsch entsteht, sich mit dem Anderen zu vereinen und zu vereinigen. Der berühmte «erste Blick» ist im Grunde zunächst nur ein Wiedererkennen der eigenen Seele und ihrer Bedürfnisse.

Wenn sich zwei Menschen begegnen und es funkt, dann bedeutet das im Grunde, dass wir im Anderen etwas erkennen, was in uns selbst liegt, was wir noch nicht in uns entdeckt haben, was wir vielleicht unbewusst schon lange suchen, vermissen und nun endlich leben möchten. Vielleicht auch etwas, was uns tief in der Seele an ein sehr frühes Glück erinnert. Mit dem Anderen hat das vorerst noch wenig zu tun. Der «erste Blick» ist im Grunde eine Botschaft der eigenen Seele an uns selber: Schau doch mal, was alles brach liegt, was leidet in dir, was verändert, was endlich ans Licht kommen und anerkannt werden möchte. Wie ein Dia-Projektor wirft unsere Seele in diesem Moment das eigene Bild auf den Anderen, zeigt uns, wonach wir unbewusst suchen. Und dieses Erlebnis ist meist überwältigend. Manchmal für beide.

Wir Männer sind nicht gerade Meister im Wahrnehmen und Benennen von Gefühlen. Wir lernen im Laufe unserer Erziehung und aufgrund unserer Veranlagung zur Konkurrenz nur wenig über Gefühle und wie differenziert man sie wahrnehmen kann, ihre Feinheit im Unterschied, ihre Klarheit im inneren Erleben. Wir Männer sind nach außen gerichtet. Umso mehr sind wir überwältigt, wenn uns jemand begegnet, bei dessen Anblick unser tiefstes Inneres genau das findet, was es schon lange sucht, was es, um ganz zu werden, ausdrücken muss, auch wenn es vielleicht etwas Altes, Unerledigtes, Unbewältigtes ist. Wüssten wir um die Hintergründe dieses Geschehens, hätten wir nach solch einer Begegnung viele Optionen, so aber haben wir nur zwei: verdrängen oder Vollgas geben.

Viele Männer verdrängen diese aufwühlenden Momente, weil sie gefährlich sind, weil sie ihren Lebensplan gefährden, an der versprochenen Treue gegenüber ihren Ehefrauen rütteln könnten. Sie fürchten, die Kontrolle könnte ihnen entgleiten. Sie bleiben standhaft und wehren ab – aber sie verpassen dabei auch die Möglichkeit, einen Blick in die eigene Seele zu werfen. Andere Männer stürzen sich kopfüber in die Situation, überwältigt von Sehnsucht, in der Hoffnung, dass das Leben Alltag und Routine aufwirbelt und aufbricht und etwas Neues, Besseres hervorbringt. Wie gesagt, wir Männer glauben, in solchen Situationen nur zwei Optionen zu haben: verdrängen oder Vollgas geben. Dabei gäbe es durchaus noch andere Möglichkeiten – aber davon später.

Thomas hat Vollgas gegeben. Noch in derselben Nacht gab es eine wilde Vereinigung mit dieser wunderschönen Erscheinung. «16 Jahre», so sagt er, «war ich meiner Frau treu gewesen, in dieser Nacht war das überhaupt kein Thema.» Thomas war überwältigt. Wäre es anders gekommen, wenn sich Thomas über seine Gefühle besser im Klaren gewesen wäre? Hätte er vielleicht anders gehandelt, wenn er erkannt hätte, dass er da müde vor dieser Berghütte saß, in Trauer versunken, erschüttert über den frühen Tod seines Freundes und konfrontiert mit der schockierenden Erkenntnis, dass das Leben von einem Tag auf den anderen einfach zu Ende sein kann? Dass auch sein eigenes Leben plötzlich aufhören kann? Hätte er anders reagiert, wenn er gewusst hätte, dass dieser Schock auch dazu dienen könnte, sein eigenes Leben zu überdenken? Was in Zukunft noch gelebt werden möchte, bevor er eines Tages sagen könnte: Ich habe gut gelebt? Vielleicht hätte er dann einfach Freude haben können an dieser Begegnung und hätte dankbar sein können, dass diese junge Frau ihm die Fröhlichkeit und jugendliche Lebenslust und den Wunsch nach mehr Freiheit zeigt, die in ihm selber leben möchten? Oder hätte er in seiner Reaktion auf diese junge Frau vielleicht eine alte Erinnerung erkennen können, ein altes Muster aus der Kindheit? Hätte er dann vielleicht über seine Beziehung zur Ehefrau nachdenken können, in der mittlerweile das gemeinsame Geschäft und die Kindererziehung das Hauptthema waren, eine Beziehung, die in ihrer Routine ganz gut ein wenig mehr Lebenslust und gegenseitige Freiheit vertragen hätte. Vielleicht wäre er dann – bereichert und ermutigt – nach dieser schönen Begegnung vor der Alphütte nach Hause zu seiner Irmgard gefahren und hätte gesagt: «Schatz, wir könnten doch mal …» Vielleicht hätte er dann die Wahl gehabt, anders auf die junge Frau zu reagieren, aber dazu gehört noch mehr.

Thomas ist im Laufe seines Lebens noch öfter von solchen Momenten überwältigt worden, bis hin zu seiner vierten Frau. Warum er dabei jedes Mal in einen neuen Strudel gerissen wurde? Vorerst nur so viel: Der «erste Blick» verheißt auch die Erfüllung sexueller Wünsche und Träume. «Ich war hingerissen», erzählt Thomas, «ich wollte nur noch eines: mit ihr verschmelzen.»

Ein «anständiger» Mann hat keine unanständigen sexuellen Fantasien und Wünsche. Daher verstauen viele Männer ihre sexuellen Wünsche tief im Keller.

Der Feminismus hat uns Männern vorgeworfen, wir seien «schwanzgesteuert», wir Männer dächten «aus dem Hosenlatz heraus». Diese Vorwürfe haben in erster Linie Abwehr erzeugt und zu einer Spaltung der Männer in zwei extreme Lager geführt: Ein Teil blieb dem Machismo treu, ein Teil wandelte sich zu Softies, die es den Frauen recht machen wollten. Der Großteil der Männer aber reagierte auf diese Vorwürfe mit Schuldgefühlen und Verunsicherung. Die Männer hatten ihre tradierte Rolle verloren und wussten nicht so recht weiter. Ist Sex nun gut oder schlecht? Sind unsere sexuellen Wünsche nun tierisch – und somit abzuwerten – oder sind sie menschlich und somit irgendwie berechtigt? Die Männerforschung der letzten zehn Jahre hat die männliche Sexualität näher angeschaut und die Triebkraft des Mannes als eine der männlichen Hauptressourcen gewürdigt. In unserem Buch «Die Kraft der männlichen Sexualität» haben der Männertherapeut Peter Schröter und ich gezeigt, welche Kraft wir Männer gewinnen können, wenn wir unsere Sexualität und unsere Männlichkeit entwickeln und miteinander verschmelzen. Wenn Sexualität in einer Beziehung nicht als Bedrohung und als roher Trieb erlebt wird, nicht als unbewusster und Befriedigung fordernder Schub, sondern als Gestaltungskraft in der Beziehung, als lenkbare Kraft, als ein Wollen, das auch Schutz bieten kann, ein Locken, das auch Neuland verspricht, dann ist das «Denken aus dem Hosenlatz heraus» eine bereichernde Kraft für das ganze Leben.

Solange dieses Verständnis nicht entwickelt ist, sind wir unserer sexuellen Kraft ausgeliefert, ihren Launen, ihrem Begehren. Wir Männer sind in der Sexualität grundsätzlich anders angelegt als Frauen. Wir Männer haben seit Jahrmillionen diesen Drang in uns, unsere Gene zu verbreiten, egal auf wie viele Frauen. In uns Männern läuft seit Jahrmillionen bei jeder Begegnung mit einer Frau in Sekundenbruchteilen und unbeeinflussbar vom Kopf das immer gleiche Programm ab: Wäre sie eine gute Trägerin für meine Gene? Ist sie zu haben? Und die Antwort folgt sofort mittels sexueller Fantasien oder Abwertung. Unausweichlich. Nur wird dieses Programm heute gleichzeitig von einem schlechten Gewissen überlagert. Es ist, als würde der «innere Vater», die «innere Mutter» einem sofort auf die Finger hauen, und das passiert so schnell, dass wir es gar nicht beobachten können, wir nehmen es einfach hin. In der Erziehung wurde Sexualität von klein auf tabuisiert. Spätestens in der Pubertät wurde sie abgedrängt in schmuddelige Fantasien, die wir als Jugendliche heimlich unter der Bettdecke befriedigten. Die allermeisten Männer erinnern sich an diese Zeit, als sie von einem gewaltigen Hormonschub überschwemmt wurden, dem mehr als zehnfachen Testosteron-Gehalt eines jungen erwachsenen Mannes. Diese ungeheure Kraft, die nach Befriedigung schrie, die uns den Kopf verdrehte, die uns alles in einem sexuellen Licht erscheinen ließ, die Beine der Lehrerin, die Brüste der Zahnärztin, den Po auf der Bikini-Werbung. Und wir waren allein mit dieser «Überschwemmung» sexueller Gefühle, konnten mit niemandem darüber reden, nicht mit dem Vater, nicht mit dem Freund, schon gar nicht mit den Mädchen. In dieser Einsamkeit wurde Sexualität übertüncht mit Mythen, Leistungsmythen, Erfolgsmythen, die wir später als Männer munter weitergeben in Spielfilmen, Literatur und Pornos. Sexuelle Fantasien wurden abgespalten von dem, was wir heute als einen anständigen Mann bezeichnen: Ein anständiger Mann hat keine unanständigen sexuellen Fantasien und Wünsche. Daher verstauen viele Männer ihre sexuellen Wünsche tief im Keller.

Eine «anständige» Frau hat kein Begehren, es wäre eine Bedrohung für den Mann, aber auch für sie selber: Eine Frau mit sexuellem Begehren wird von der Gesellschaft ausgeschlossen. Sie gilt als geile Schlampe.

Dasselbe tun auch Frauen. Wenn ein kleines Mädchen auf den Oberschenkeln seines Vaters herumrutscht, dabei sein Schambein reibt und eine wunderschöne Energie in seinem Bauch erlebt, wird der Vater es wegsetzen – oder er wird seltsam werden. Wenn Mädchen in die Pubertät kommen und sich von den testosterongeladenen Jungen angezogen fühlen, bekommen die Eltern Angst. Es gibt Ausgehverbot, Minirockverbot, aber wenig Anerkennung für das wundervolle Geschehen der Natur und noch weniger Anleitung, damit sorgsam umzugehen. Sexuelle Anziehung wird selten thematisiert. Denn dafür hat unsere Kultur keine Worte. Frauen hatten noch nie sexuelle Wünsche zu haben.

Über Jahrhunderte wurde weibliche sexuelle Lust abgespalten und der Dirne und der Hexe zugeordnet. Die Urfrau, Eva, die gemäß unserer Überlieferung aus den Rippen des Mannes geformt wurde, war schuld an der Vertreibung aus dem Paradies, weil sie Adam verführt hat. Unter dieser «Schuld» leidet sie noch heute, ob sie nun ein Kopftuch trägt oder nicht. Eine anständige Frau verführt nicht. Eine anständige Frau hat kein Begehren, es wäre eine Bedrohung für den Mann, aber auch für sie selber: Eine Frau mit sexuellem Begehren wird von der Gesellschaft ausgeschlossen. Sie gilt als geile Schlampe. Der Urmythos der geilen, begehrenden Frau ist aber älter als derjenige von Eva, er heißt Lilith. Lilith war die erste Frau Adams. Gott hatte sie, so erzählen die uralten Geschichten, genau wie Adam aus Lehm geschaffen und ihr eigenes Leben eingehaucht. Aber die beiden hatten ein Machtproblem, Lilith wollte nicht «unten liegen», sie wollte gleichberechtigt sein, genau so wie Adam. In ihrer Wut verließ sie das Paradies und ließ sich draußen mit zwielichtigen Gestalten ein. Adam beklagte sich bei Gott, und er bekam die Eva, aus seinem Fleisch, ihm gehorchend, ihm untertan.

Natürlich sind das uralte Geschichten, aber sie sind noch immer in uns lebendig. Sie erklären Verhaltensmuster, die wir über die Zeitalter hinweg weitergegeben haben. Das Paradebeispiel dafür ist der jahrhundertelange Kampf des Katholizismus gegen die unbändige Kraft der Sexualität. Erotische Frauen mit wildem Begehren – und nebenbei auch gleich noch Frauen mit tiefem Wissen – wurden der Hexerei bezichtigt, des Umgangs mit dem Teufel und auf dem Scheiterhaufen verbrannt – «gereinigt», wie es hieß. Die

Muttergottes Maria, von der Kirche den Frauen über zwei Jahrtausende als Vorbild hingestellt, sie ist unbefleckt, hat unbefleckt empfangen, unberührt von Sexualität. Was für eine absurde Vorstellung! Der Feminismus hat die erste Frau Adams, Lilith, wiederentdeckt und dem weiblichen Machtanspruch und dem Begehren der Frau wieder einen Platz eingeräumt. «Sex and the City» zum Beispiel, die von vielen Frauen begeistert verfolgte US-TV-Serie, probt in diesen Fragen den Aufstand. Haben Frauen also etwa auch sexuelle Fantasien?

Ist nun ein Paar mehrere Jahre zusammen, werden so manche unerfüllten sexuellen Wünsche in den Keller geschafft und zunächst einmal vergessen. Nach der ersten wilden Phase der Paarung kamen Kinder, die Frau wurde zur Mutter, der Mann in vielen Fällen zum Versorger. Die Geburt des ersten Kindes ist für den Mann ein Schock, den niemand so richtig benennen will. Keiner weist junge Männer darauf hin, dass das erste Kind sie unweigerlich entthronen wird bei seiner Geliebten. Fortan steht nicht mehr der Mann im Vordergrund, sondern das Kind und seine Mutter. «Sie war jung und hatte keine Kinder», sagt Thomas von der ersten Begegnung mit seiner jungen Geliebten. Viele Frauen versuchen trotzdem alles zu leisten: Mutter sein für das Kind, Geliebte sein für den Mann und womöglich auch noch erfolgreich sein im Beruf. Auf Dauer ist das eine kräfteraubende Aufgabe. Es bräuchte den Mann, der hier eine neue Rolle übernimmt: Vater, Partner. Manche Männer schaffen es, diesen Wandel zu vollziehen, andere bleiben gekränkt zurück. Diese Kränkung wird selten angesprochen, sie wird normalerweise verdrängt, da sie gesellschaftlich unzulässig ist, unanständig, unmännlich. Wenn nun eine Jüngere auftaucht, die sich ihm als Geliebte anbietet, entschädigt sich der Mann unter anderem auch für diese Kränkung.

In langjährigen Beziehungen geschieht durch diesen abrupten Rollenwechsel vom Liebespaar zum Elternpaar oft Folgendes: Der Mann wird immer «braver», ruhiger, gefasster. Er vergisst seine urmännliche Bestimmung zu penetrieren, die Frau nehmen zu wollen, sie zu verführen. Die Frau verliert ihre frühere Bereitschaft, zu geben, sich nehmen zu lassen, sich sexuell verführen zu lassen und selbst zu verführen. Die beiden Pole Männlichkeit und Weiblichkeit verwischen sich, die Spannung dazwischen, die Erotik, verabschiedet sich aus der Beziehung. Kommt nun eine junge Frau und wirft den ersten Blick, dann öffnen sich beim Mann die Tore zum Keller, und die ganze wilde Sexualität des Mannes möchte endlich wieder herausbrechen. Es geht die Post ab. Das Gehirn schüttet Glückshormone aus, wie eine Überdosis Drogen. Kein Wunder, dass Männer in diesen Momenten von Sinnen sind – unbrauchbar, unzurechnungsfähig und außerhalb ihrer Kontrolle. Kein Wunder, dass sie diese Frau wiedersehen wollen, die all das bei ihnen auslöst. Die Frau, die das Fieber und das Feuer zurückbringt in dieses beinahe erloschene Leben. Die Frau, die uns verzaubert, von allen Verdrängungen erlöst und die Urkraft Sexualität wieder anfacht. Die Verlockung, dass alles hervorgeholt werden darf, was da in diesem Keller unglücklich vor sich hingeschmort hat. Ans Licht damit! Ins Leben! Man lebt nur einmal! Endlich!

Hätte nun Thomas, wie er da auf dieser Bank vor der

Berghütte saß, geblendet von der untergehenden Sonne und fasziniert von dieser jugendlichen Frau und ihrem einladenden Lächeln, hätte er eine Chance gehabt, anders zu reagieren, wenn er all das gewusst hätte? Wenn ihm in den Sinn gekommen wäre, dass ihm sein Körper nun die Erfüllung all der verdrängten Wünsche seiner 16-jährigen Ehe im Körper dieser Frau verspricht? Wenn er gemerkt hätte, dass es das «ohne Kinder» war, das ihn lockte, die Möglichkeit, wieder junger Mann und einziger Geliebter zu sein? Hätte er dann die Option gehabt, zu sagen: «Wow, was für ein bezaubernder Anblick!» Offenbar möchte meine Seele wieder vermehrt ihre männlichen Aspekte leben, höchste Zeit, dass ich zu meiner Frau nach Hause gehe und mit ihr das feurige Liebesleben unserer Jugend wieder belebe – auch wenn das eine tiefe Auseinandersetzung mit ihr, mit uns un d mit mir selber braucht. Hätte er diese Chance gehabt? Vielleicht. Vielleicht hätte er sich aber noch gegen die dritte Versuchung wappnen müssen: die fremde Frau war zehn Jahre jünger als seine Ehefrau, jung und knackig. Und ziemlich unerfahren.

«Weißt du, gegen den Körper einer Jüngeren hatte meine Frau keine Chance.»

Einer meiner Klienten, Martin, dem dasselbe «Schicksal» wie Thomas widerfahren ist, sagte mir einmal: «Weißt du, gegen den Körper einer Jüngeren hatte meine Frau keine Chance.» Ich musste mehrmals nachdenken, um diesen Satz in seiner ganzen Tragweite zu verstehen. Natürlich leuchtet dieser Satz jedem Mann zuerst vollkommen ein. Die Jugend! Wild, verteufelt, ungehemmt. Was für eine feurige Liebhaberin wird sich Martin da ins Bett geholt haben!

Wie schön muss es sein, diesen Körper zu inszenieren, seinen Formen zu folgen, den festen Tonus seiner Muskeln in den Händen zu spüren, ihn mit teurem Schmuck und sexy Kleidern zu feiern und ihn in Gesellschaft anderer Männer herum zu zeigen. Beim zweiten Nachdenken wird die Szenerie allerdings etwas düsterer.

Findet denn seine junge Geliebte seinen Körper ebenfalls zum Feiern schön? Seinen Bauch? Seine vom Alkohol etwas verschwommenen Gesichtszüge? Sein Lächeln, das durch die zwiespältigen Erfahrungen in seinem Leben schon etwas zynisch geworden ist? Und wenn diese körperliche Anziehung nicht auf Gegenseitigkeit beruht, worauf beruht sie dann?

Beim dritten Nachdenken fiel mir auf, wie in diesem Satz von Martin die Frau auf den Konsum ihres jungen Körpers reduziert wird – und somit austauschbar ist, ersetzbar, wie ein neues Auto, ein neueres Modell. Natürlich ist eine frische Tomate knackiger als eine, die schon ein wenig schrumpelt. Auf der in der Evolution verankerten Suche nach einer Frau, die unsere Gene aufnehmen soll, wird die Jüngere sicher bevorzugt: Sie ist gesünder, hat mehr Lebenskraft, eine längere Lebenserwartung, weniger Risiken. Die Chance, dass sie gesunde Kinder aufzieht, ist größer. Die Evolution ist hier unerbittlich. Aber gilt dies alles auch für eine Beziehung? Will Martin denn trotz seines Alters noch einmal Kinder zeugen? Oder suchte er eine neue Beziehung? Nur, ist eine Beziehung mit einer Jüngeren besser als mit einer gleichaltrigen Frau? Und wenn ja, inwiefern? Martin wollte vorerst keine näheren Auskünfte geben, die Diskussion darüber wurde ihm zu riskant. Also musste ich für mich selber weiter spekulieren: Offenbar hatte die Neue, eine junge Asiatin, doch auch noch weitere Vorzüge. Ginge es ausschließlich um Sex, wäre der einfacher zu haben. Aber die Neue bewundert ihn, schätzt seine Lebenserfahrung, seinen Status, sein Geld und die Möglichkeit, sich frei in der Welt zu bewegen, er wiederum genießt dieses Gefälle. Mag sein, dass es ihn größer macht. Oder sicherer. Jedenfalls mussten wir das Thema behutsam weiter angehen, denn seine damalige Entscheidung, sich von seiner Frau und seinen Kindern zu trennen und mit der Jüngeren ein neues Leben anzufangen, macht ihn heute nicht unbedingt zufrieden. Wie gesagt, der zweite Blick ist oft nicht mehr so überwältigend.

Warum ich das alles hier auftische? Wenn Männer eine Jüngere nehmen, sind selten sie es, die wählen. Meist werden sie gewählt und begegnen im Blick der jungen Frau ihren eigenen geheimsten Wünschen. Hier ist die Frau ganz Hexe, Circe, die Wünsche zu erfüllen verspricht, und ich bin sicher, sie weiß es. Männer haben dann oft nur die Wahl: sich wie der griechische Held Odysseus an den Schiffsmast binden lassen, um den Verlockungen von Circe widerstehen zu können – den süßen Tönen ausgesetzt, aber durch Bindung zurückgehalten – oder, wie es Odysseus seinen Ruderern befahl: Augen verbinden und Ohren verstopfen – und sich schleunigst davon machen. Oder aber ins Verhängnis gezogen zu werden.

Männer sind ohnehin selten diejenigen, die wählen. Das erste, wenn auch noch so feine Signal der Verführung kommt von der Frau. Sie will testen, ob der Mann auf sie reagiert. Und doch soll der Mann das Gefühl haben, er verführe sie, er mache den ersten Schritt. Das gibt ihm das Gefühl von Überlegenheit und Sicherheit, und es lockt die Kraft in ihm heraus, nehmen zu wollen. Es facht seinen Urtrieb an, was ja seine Bestimmung ist. Dieser urweibliche Trick hat sich im Laufe der Jahrmillionen bestens bewährt, nicht nur bei den Menschen, die Tierwelt ist voll davon: Das Weibchen lockt, das Männchen wird angestachelt, sich zu präsentieren, den Pfau zu machen, sich in seiner ganzen Pracht zu zeigen. Erst dann wird eine Entscheidung gefällt, und zwar vom Weibchen beziehungsweise von der Frau. Also liegt die Schuld für all das Unglück, das manchmal aus einem solchen «ersten Blick» erwächst, bei der jungen Frau? Schuld interessiert uns nicht in diesem Buch, wir versuchen vielmehr zu verstehen, was da genau abläuft. Natürlich ist die Verletzung bei der zurückgelassenen Frau groß, sind Wut und Schuldzuweisung naheliegend und nur allzu verständlich. Die Zuschiebung von Schuld ist das Erste und Naheliegendste. Wie verantwortungslos, lieblos, wie unverständlich ist es, wenn der Mann Frau und Kinder für eine Jüngere verlässt. Wie egoistisch! Aber wir wollen diese Wut hier nicht schüren, das bringt nichts. Das Lesen dieses Buches kann uns weiterbringen, wenn wir verstehen, was die Gründe sind hinter diesem furchtbaren Geschehen, wenn wir uns einfühlen können in die Triebkräfte der Seele des Anderen, in diejenige der Jüngeren und auch in die eigene, dann können wir vielleicht aus der Opferrolle herausfinden, dann können wir leichter trauern, können leichter den Ausweg finden zum Eigenen, zum Neuen.

Wenn nun Männer, die in ihrem bisherigen Leben ganz gut situiert sind, eine vernünftige Ehe führen, eine anständige Karriere durchlaufen und im Job eine Menge leisten, und eigentlich glauben, mit einem befriedigenden Lebensgefühl unterwegs zu sein, wenn sie nun plötzlich mit so einem Blick konfrontiert werden, der wie eine Fee verspricht, dass es im Leben noch viel mehr gibt als die tägliche Routine, dass alle die seit Langem verdrängten Wünsche erfüllt werden können, dass das selbst gemauerte Gefängnis zu durchbrechen ist, der Wolkenhimmel aufreißen kann und die seit Langem vermisste Sonne hereinströmt, ist es dann ein Wunder, wenn es manche Männer schlicht und einfach umhaut? «Nimm mich im Sturm», schreit die Seele des Mannes, «bau mir eine Brücke ins Leben!»

Fünf Gründe, die zum Desaster führen können:
- *Verdrängte Wünsche nach sexueller Erfüllung*
- *Die tief verwurzelte Polygamie der Männer*
- *Die Kränkung durch die Geburt der Kinder*
- *Die Verlockung, von der Partnerin zur Tochter zu wechseln*
- *Die Krise in der Mitte des Lebens*

Vier Gründe habe ich bis jetzt gefunden, die die Begegnung mit der Jüngeren so schicksalhaft machen können: Die oft unerkannten und verdrängten Wünsche nach sexueller Erfüllung, die tief verwurzelte Polygamie der Männer, dann die «Kränkung», die Männer oft unbewusst erleben, wenn Kinder geboren werden und sie als Geliebte «entthronen», und als Viertes die Aussicht, mit einer Jüngeren eine Partnerschaft leben zu können, die ihnen eine gewisse Überlegenheit sichert. Ein Vater-Tochter-Verhältnis quasi, wo er der «große» Daddy ist und sie das süße Mädchen. Und noch ein fünfter Grund wiegt wohl auch ziemlich schwer: Männer um die vierzig oder fünfzig kommen an einen Punkt in ihrem Leben, wo sie plötzlich realisieren, dass die Hälfte des Lebens wohl schon gelebt ist. Es ist, als hätte man auf einer Bergwanderung die Passhöhe erreicht und sieht plötzlich den Abstieg ins Tal vor sich. Der Rest des Lebens ist absehbar und das Ziel, das Ende in Sicht. Diese Einsicht kommt oft schleichend, und man beginnt sich zu fragen: Ist es das gewesen? Was habe ich alles verpasst? Was bringt mir meine Karriere noch? Was möchte ich noch leben?

Unser Bergsteiger Thomas jedenfalls war zuerst einmal einfach überwältigt von «so viel Glück, so viel Leben, so viel junger Energie». Ob es dann wirklich sein Glück sein würde, wird sich später zeigen. Zuerst einmal fuhr er nach Hause und beichtete seiner Irmgard den Ehebruch. Sie war vollkommen überrascht. Vollkommen überrascht?

Einsichten

- Es lockt das neue, frische Leben, das Versprechen auf eine Verjüngungskur.
- Männer sind bezaubert von der «Tochter». Das Gefälle ist bezüglich Alter, Ausbildung, Status und Finanzkraft stark.
- Oft spielen beim Mann unerledigte Mutterbindungen oder unbewusste Solidarität zum Vater eine Rolle.
- Wie unter Drogen: Von Hormonen überschwemmt sind Männer rationalen Argumenten nicht mehr zugänglich.
- Männer sind in dieser Situation nicht selbstreflexiv. Und sie wollen schon gar nicht in eine Beratung: Ihnen geht es schließlich gut.
- Innehalten und nichts überstürzen wäre eine gute Devise.

Und das sagen die Fachleute:

Wenn Paartherapeuten die wenigen Männer, die eine Therapie mitmachen, nach ihren Beweggründen fragen, warum sie aus der Beziehung ausgebrochen sind, warum sie eine Jüngere genommen haben, dann brauchen sie viel Geduld und Beharrungsvermögen, bis sie eine Antwort erhalten. Männer reden nicht gerne, schon gar nicht über Probleme und erst recht nicht über ihre tieferen Bedürfnisse. Sie entscheiden. Punkt. Sie handeln. Punkt. «Männer», so sagt der Psychologe Rafael Kamp, «sind manchmal bereit, ihre Karten einfach in die Luft zu werfen und ein neues Spiel zu beginnen. Aber darüber zu reden, das empfinden sie als unmännlich.»

Was Frauen nicht verstehen, nämlich, wie Männer einfach

alles über Bord werfen können, ihre Verantwortung den Kindern gegenüber, die gemeinsame bisherige Geschichte, ist für Männer oft ein natürliches Vorgehen: «Wenn Männer harte Entscheidungen treffen müssen, dann verengt sich ihre Wahrnehmung auf sich selber und auf das, wofür sie sich entschieden haben», sagt Kamp. «Augen zu und durch», heißt die Devise. Die Verantwortung gegenüber den Kindern und der bisherigen Partnerin muss ausgeblendet werden, sonst ist der Entscheid nicht auszuhalten. Und dann muss der Entscheid gerechtfertigt werden, zumindest innerlich: «Es hat schon lange nicht mehr gestimmt mit meiner Frau. Ich bin schon lange nicht mehr begehrt worden, schon lange nicht mehr wahrgenommen worden, jetzt reicht' s. Wann hat sie mich je verführt? Wann hat sie mich je gestreichelt?» Männer deuten dann ihr Vorgehen als Reifeschritt: «Jetzt entscheide ich mich endlich mal für mich!» Und sie sind meist stolz auf diesen Schritt. «Jetzt nehme ich mir das Recht, glücklich zu sein.»

Der fatale «erste Blick» löst einen sehr angenehmen emotionalen Schub aus. Dummerweise fällen manche Männer in diesem Rausch weitreichende Entscheidungen. Und viele bereuen diese später. «Würden sie das Geschehen als Affäre sehen, die sie momentan beflügelt, würden sie der Entwicklung Zeit geben und ihren Entscheid so lange hinauszögern, bis sie tief in sich die Sicherheit spüren, die ein solcher Schritt verlangt, dann würde manche Scheidung am Ende nicht vollzogen», sagt Kamp. Affären lassen sich aushalten. Affären gehen vorüber. Affären bereichern im besten Fall sogar die Beziehung zu Hause.

Es ist hart, wenn der Partner fremdgeht. Aber es ist kein Todesurteil für die Beziehung. Es ist hilfreich zu fragen: «Wofür ist diese Krise ein Lösungsversuch?» Was für Bedürfnisse stehen dahinter? Vielleicht braucht der Mann einen «Kick», um aus alten Rollenmustern herauszufinden. Vielleicht kann er dann mit neuen Mustern in die Beziehung zurückkommen. «Nichts überstürzen!», raten auch andere Psychotherapeuten, «nicht in Situationen hineinmanövrieren, aus denen man später nicht mehr heraus kann.»

Wir Menschen gehen Beziehungen ein, wenn wir vermuten, dass das Gegenüber unsere Bedürfnisse befriedigen wird. Bei der Wahl des Ehepartners – oder auch der Geliebten – läuft im Grunde der Seele ein Verfahren ab, in dem wir Punkt für Punkt durchgehen: Was fehlt mir, was kann der Andere mir geben? Aber nur wenige Punkte dieser Checkliste sind uns bewusst. Der Raster, nach dem wir das Gegenüber «durchchecken», wurde schon in früher Kindheit angelegt, und da können sich auch Kriterien eingeschlichen haben, die wir als Erwachsene eigentlich keinesfalls mehr anwenden würden. Gleicht sie meiner Mutter? Hat er den selben schwermütigen Blick wie mein Vater? Eignet sie sich dafür, dasselbe Schicksal zu erleben, wie mein Vater es meiner Mutter zugemutet hat? Hat sie dieselben Fehler wie meine Mutter, für die ich sie später mit Fremdgehen bestrafen kann? Eine Unmenge von Parametern wird abgeglichen, und nur die wenigsten davon sind uns bewusst zugänglich. Wir entscheiden sogar zum größten Teil unbewusst. Das Ergebnis ist dann das «Verliebtsein».

Wenn nun also ein solcher fataler Blick das Leben eines Mannes in Aufruhr bringt, lohnt es sich, zuerst innezuhalten und sich zu fragen, was genau denn nun passiert. Nochmals die Grundfrage: Wofür ist diese Krise ein Lösungsversuch? Muss die Beziehung zur Partnerin wirklich abgebrochen werden, bloß weil mein Unbewusstes glaubt, es müsse das Schicksal des Vaters wiederholen? Oder in meiner Frau das Schicksal meiner Mutter? Oder ist vielleicht das innere Kind am Werk, das die Mutter strafen will? Warum nehme ich eine Jüngere? Habe ich wirklich das Bedürfnis, ein Vater-Tochter-Verhältnis zu leben? Oder habe ich nur Angst davor, von meiner «mächtigen» Ehefrau geformt zu werden, weil ich nicht bereit bin, mich ihr zu stellen, mit all meiner Kraft? Es gibt unzählige Gründe, warum wir Männer uns verlieben, warum wir fremdgehen, warum wir in eine Affäre geraten, und es lohnt sich, diese Gründe zu suchen. Das muss nicht gleich bedeuten, dass wir unsere Ehe deswegen abbrechen. Vielleicht geht es ja um was ganz Anderes ...

«Nehmt euch ein paar Monate Zeit, bevor ihr entscheidet», rät der Psychologe Rafael Kamp seinen Klienten in solchen Fällen. «Denn das ‹Verliebtsein›, dieser angenehme Schub, geht ja auch wieder vorüber. Und dann sieht man klarer.» Aber manche Männer glauben, sie müssten klare Verhältnisse schaffen, und manche Jüngere macht entsprechenden Druck. Und dann ist es halt sehr männlich, Nägel mit Köpfen zu machen. Wirklich männlich?

Wenn Ehefrauen aus allen Wolken fallen

Von Doris Carmen Meyer

«Mein Mann kam spät nachts von einer Geschäftsreise zurück, ich hatte auf ihn gewartet und mich sehr auf ihn gefreut», erzählt Barbara, eine attraktive 50-Jährige, Mutter von zwei bald erwachsenen Söhnen. «Doch schon als er zur Tür reinkam, stimmte etwas nicht, irgendetwas irritierte mich an ihm. Ich schob das weg. Ich freute mich, dass er wieder da war und darauf, was nach so einer mehrtägigen Abwesenheit meistens folgte: Noch ein Glas Portwein trinken, einander erzählen, was alles in der Zwischenzeit passiert ist, dann ins Bett, und dann seine Annäherung, sein Begehren, seine Lust, mich zu besitzen. Ich hatte das gar nicht ungern, trotzdem konnte ich an dem Abend nicht mit ihm schlafen. Ich war müde, schlief ihm unter den Händen ein. Trotzdem spürte ich, dass er mich anders anfasste als sonst. Es war, als würden seine Hände vergleichen, sie fassten mich an und verglichen! Das war wie eine eisige Dusche! Ich habe diese Empfindung verdrängt, das war ja paranoid. Hab mich am Morgen sogar noch entschuldigt. Er hat mir daraufhin tatsächlich von oben herab bestätigt, dass mein Körper offenbar keinen Sex wollte, und mir dafür indirekt einen Vorwurf gemacht. Als er am nächsten Morgen zur Arbeit ging, hat es bei mir plötzlich Klick gemacht. Ich wusste auf einmal glasklar, er war auf der Geschäftsreise mit einer anderen Frau zusammen gewesen, ich war auf einmal die ungewollte, lästige Alte.»

Diese Erkenntnis löste bei Barbara einen emotionalen Zusammenbruch aus. «Ich saß auf dem Sofa und hab plötzlich gezittert, geschlottert, geweint, geheult, mir war übel und schwindlig. Als mein Mann abends heimkam, hab ich ihn gestellt. Zunächst hörte er mir nur wortlos zu, versuchte es auszusitzen. Dann hat er es schließlich zugegeben. Ja, er habe sich in eine jüngere Frau verliebt. Ich hätte sterben können, wenn ich nicht so wütend gewesen wäre», erzählt Barbara, immer noch aufgebracht. Sie hatten zusammen so viel aufgebaut, sogar beim Sex lief es immer noch toll, auch nach über zwanzig Ehejahren. Sie teilten viele Interessen, hatten nicht nur Kinder, sondern auch Spaß zusammen und Projekte miteinander. «Was war los? Was suchte er? Wie konnte er sich so treulos einfach aus dem gemeinsamen Leben verabschieden? Wie konnte er mich einfach durch eine Andere ersetzen? Und wie würden die Kinder das aufnehmen?»

So wie Barbara geht es vielen Frauen, wenn die Erkenntnis über sie kommt, dass der Ehemann «fremdgegangen» ist, mit einer anderen Frau geschlafen hat, aus der Beziehung ausgebrochen ist. Der Schock ist gewaltig. Wenn sogar die Männer überrascht sind von ihrem Tun, um wie viel mehr müssen ihre Frauen es sein. Und die sind nicht im Rausch, sie fallen aus ihrem gewohnten Leben, ihrer Liebe, ihrer Beziehung, ihrem sicheren und meist liebevoll gepflegten Nest und landen hart.

«Unsere Beziehung war in Ordnung, wir verstanden uns

gut, wir schliefen gern miteinander – daran kann es wirklich nicht gelegen haben», erzählt auch die 48-jährige Alexandra, heute alleinerziehende Mutter bald erwachsener Zwillinge. «Natürlich gab es auch Höhen und Tiefen. Aber das ist ja normal. Ich dachte oft, dass ich wirklich Glück gehabt hatte mit diesem Mann. Er war interessant, unterhaltsam, sehr attraktiv.»

Doch eines Tages begann sich ihr Traummann seltsam zu verändern. «Ich dachte zuerst, er hätte eine Midlife-Crisis, er ist fünf Jahre älter als ich. Mit fünfzig fand er plötzlich, er müsse eine Diät machen, damit er keinen Bauch bekomme. Seine grauen Haare störten ihn. Er sprach darüber, dass er wohl den beruflichen Zenith erreicht hatte, ganz einfach, weil es über seinem Posten nichts mehr gab.»

Die Katastrophe kommt oft aus heiterem Himmel, und selbst wenn es Anzeichen gegeben haben sollte, bleibt diese Art von Ehebruch für uns Frauen unverständlich und extrem verletzend.

Dann, eines Morgens, teilte der Traummann Alexandra mit, dass er sich in eine 14 Jahre jüngere Kroatin verliebt habe. «So mir nichts, dir nichts. Ich war fassungslos. Es war eine Katastrophe, die Welt brach für mich zusammen. Aus heiterem Himmel. Er hat es mir immerhin relativ schnell gesagt und nicht versucht, es lange zu verheimlichen. Er hatte die Frau offenbar bei einem geschäftlichen Anlass kennen gelernt. Sie arbeitet als Sekretärin und ist durch Heirat mit einem Kaufmann ins Land gekommen.»

Die Katastrophe kommt oft aus heiterem Himmel, und selbst wenn es Anzeichen gegeben haben sollte, bleibt diese

Art von Ehebruch für uns Frauen unverständlich und extrem verletzend. «Ich kannte meinen Mann nicht wieder», sagt zum Beispiel Isabelle. «Seine Stimme, seine Körperhaltung, seine Art zu reden, alles war anders. Da stand ein fremder Mann.» So oder ähnlich beschreiben mir viele betroffene Frauen den Wandel ihres Mannes, nachdem er eine Jüngere kennen gelernt hat. Einige meinten sogar, es sei ihnen vorgekommen, als ob ihr Mann «unter Drogen» stünde.

Und wenn der Mann dann noch, wie Thomas bei Irmgard im vorigen Kapitel, treuherzig nach Hause kommt, alles erzählt und Verständnis erwartet für das Wunderbare, das ihm begegnet ist, dann verstehen die Frauen die Welt erst recht nicht mehr. Ist das der Mann, mit dem sie jahrelang verheiratet waren, Kinder aufgezogen, vielleicht ein Haus oder sogar gemeinsam ein Geschäft aufgebaut haben? Wie kann er all das plötzlich vergessen, sein halbes Leben wegwerfen und für nichtig erklären? Irmgard erinnert sich: «Bei uns begann das, als er neununddreißig war. Damals waren wir sechzehn Jahre verheiratet, und sein bester und sehr enger Freund war gerade gestorben. Ich bin überzeugt, dass er da einen Halt verloren hat. Geflirtet hat er immer, aber das war für mich kein Problem. Ich war keine eifersüchtige Frau. Nur, diesmal war es anders. Er war mit seinen Freunden Bergsteigen gegangen, quasi im Andenken an den Verstorbenen. Und da ist ihm dann diese Frau begegnet. Sie war viel jünger als ich, hatte keine Familie, dafür viel Zeit und war fröhlich und unbeschwert.»

Als Irmgard zu Hause auf ihren Thomas wartete, wusste sie noch nichts von der nahenden Katastrophe. Sie erwartete einen Mann, der um seinen Freund trauert … «Und da kommt er nach Hause und erzählt mir diese Geschichte von der wunderschönen Frau. Das war schon hart. Trotzdem glaubte ich, wir könnten die Krise überstehen. Den Glauben daran habe ich lange nicht verloren», erzählt die heute 69-Jährige gefasst, doch die Trauer ist noch immer unübersehbar, auch jetzt noch, nach dreißig Jahren. Irmgard gehört noch zu der Generation Frauen, für die die Ehe eine Lebensgemeinschaft bedeutet, die frau nicht bei Problemen einfach beendet. Sie hat in ihrer Herkunftsfamilie gelernt, dass die Frau sich unterordnet und so was wegsteckt.

Sie stand diese erste Fremdbeziehung ihres Mannes denn auch viele Jahre durch, kämpfte um ihre Ehe. Doch dann starb die älteste Tochter des Paares. Sie litt an Depressionen und nahm sich das Leben. «Thomas und ich hatten uns gern, wir haben uns auch immer wieder bemüht, einen Weg zu finden. Aber als er sich nur sieben Wochen nach dem Tod unserer Tochter schon wieder mit der Freundin treffen musste, da war das wirklich ein Einschnitt für mich.»

Von diesem Treffen kam Thomas gebrochen nach Hause. Seine Freundin hatte ihm den Laufpass gegeben. Offenbar hatte sie einen Anderen. Irmgard redete ihrem Mann gut zu, schickte ihn mit seiner Männerrunde auf Bergtouren, in der Hoffnung, das tue ihm gut. «Dann hat er auf einer Bergtour eine noch viel jüngere Frau kennen gelernt. Diese neue junge Frau war für ihn nun endgültig die ‹große Liebe›, und drei Wochen später ist er ausgezogen. Meine Tochter war tot, die anderen Kinder waren ausgeflogen, ich war plötzlich ganz allein. Nur noch meine Mutter war da. Ich hatte die ganzen Kosten, die ganze Arbeit, aber nur den Status einer Angestellten meines Mannes in unserem gemeinsamen Geschäft. Das war eine demütigende Zeit, da habe ich sehr gelitten.» Aber Irmgard hat Haltung bewahrt. Sie musste ja mit Thomas weiter zusammenarbeiten. Irmgard ist eine tapfere Frau, behielt immer die Contenance, vor den Kindern, vor den Kunden. Doch selbst nach so vielen Jahren bricht die tiefe Kränkung wieder durch.

Warum ist es für uns Frauen so schrecklich, so desaströs, wenn Männer einen derart brutalen Schnitt machen? Ist nach einer jahrelang währenden Beziehung nicht auch bei uns «die Luft draußen»? Weshalb schämen wir uns sogar, wenn der Mann abhaut?

Wir Frauen gehen wohl anders um mit Beziehungen als die Männer. Für uns ist eine Beziehung nicht etwas Gegebenes, sondern immer auch Arbeit, Engagement. Wir investieren unsere Liebe in dieses gemeinsame Projekt, ein Paar zu sein. Und dieses Engagement erwarten wir auch vom Mann. Wir können nicht begreifen, wie ein Mann eines Hormonschubes wegen alles bisher Erreichte, zusammen Erlebte über Bord werfen kann, bloß wegen einer dahergelaufenen jungen Tusse. Und gerade weil wir uns so mit Leib und Seele engagiert haben, kommt dann sogar noch dieses Gefühl der Scham auf, das Gefühl, versagt zu haben. Aber auch Scham darüber, so öffentlich erniedrigt zu werden, denn das ist es, was passiert: Es ist zutiefst demütigend, gegen eine Jüngere ausgetauscht zu werden. Sind wir Wegwerfartikel?

«Eheberatung? Kommt nicht in Frage!»

Und doch haben alle meine Gesprächspartnerinnen versucht, ihre Beziehung zu retten und im Umgang mit ihrem

Mann fair zu bleiben. So wie Sabine, die mit ihrem Mann zur Eheberatung wollte. «Eheberatung? Kommt nicht in Frage!», hat ihr Mann allerdings gesagt, als sie ihm den Vorschlag machte.

Oder wie Isabelle: «Zu Beginn war der Schock groß. Aber irgendwann nahm ich mir vor: Fertigmachen lasse ich mich nicht. Ich hatte meinen Stolz wiedergefunden, das half. Von dem Moment an hieß mein persönliches Mantra: ‹Ich lasse mich nicht gehen› und ‹Ich bleibe fair, denn ich möchte mir selbst in die Augen schauen können›.»

Auch Isabelle war bereit, um die Beziehung zu kämpfen. «Ich habe niemandem etwas erzählt, außer meiner besten Freundin. Und habe mich sofort nach einem Eheberater umgehört. Wir hatten so viele gute Jahre! Ich sah das Ganze zunächst wie eine Naturkatastrophe, es braucht Zeit, bis sich die Dinge wieder normalisieren. Ich dachte, wir müssten das einfach durchstehen. Mein Mann ging auf mein Verlangen hin auch zum Eheberater, aber nur einmal. Und dann beschloss er, das brauche er nicht.»

Auch Sophie forderte von ihrem Mann, dass er der Beziehung wenigstens eine Chance gab, sich die Mühe machte, die Situation in einer Beratung näher anzuschauen. «Jeder macht mal einen Fehler», sagt sie, «aber ich erwarte, dass man mit aufräumt, wenn ein Schaden entstanden ist, dass man Hand reicht. Seine diesbezügliche Weigerung hat mich sehr verletzt.»

In fast allen Geschichten, die mir erzählt wurden, haben die Männer die Zusammenarbeit, das Arbeiten an der bewährten Beziehung verweigert. Für sie gab es nur noch eine Richtung, hin zur neuen, jungen Frau. Ohne Wenn und Aber. Allenfalls gab es noch Versuche, beides parallel laufen zu lassen, so wie es Thomas lange Jahre gemacht hat. Alexandras Mann hatte eine ähnliche Idee. Er fand, es wäre doch toll, es zu dritt zu versuchen. Da war sie aber dezidiert anderer Meinung. Sie wies das Ansinnen zurück.

Auch meine nächste Gesprächspartnerin, Céline, eine mit sechzig immer noch jugendlich wirkende Eurasierin, hatte alles in die Beziehung und in die Karriere ihres Mannes investiert. «Mein Mann verlor überraschend seine Stelle als Vizepräsident eines weltweit tätigen Handelsunternehmens», erzählt sie. «Es gab einen Wechsel in der Direktion, und er musste gehen. Das war sehr schlimm für ihn. Ich ermutigte ihn, mit Kunden in Vietnam Kontakt aufzunehmen, die dank mir Vertrauen zu ihm hatten. Eine vietnamesische Firma hat ihn daraufhin als Vizepräsidenten eingestellt, er konnte als Repräsentant für Europa das Büro an unserem Wohnort haben. Es schien alles wieder ins Lot zu kommen. Aber irgendwann begann unsere Beziehung seltsam flau zu werden. Auch andere Leute bemerkten, dass er sich veränderte. Er fing an, mir zuzureden, ich solle in Frankreich ein Haus kaufen, da habe es mir doch immer gut gefallen. Er würde mich dann gelegentlich besuchen. Aber was hätte ich dort sollen? Unsere Töchter waren hier in Deutschland, er war hier, ich verstand gar

> *«Da hat mein Mann alles fallen gelassen, um sie zu holen. Ich versuchte, ihn zur Räson zu bringen: ‹Das kannst du nicht machen, so benimmt man sich nicht in Asien als Vizepräsident!›, sagte ich. Ich habe geweint, bin explodiert, es nützte alles nichts.»*

nicht, was er eigentlich wollte. Vermutlich hatte er da seine Freundin schon kennengelernt.»

Etwas später fragte er Céline plötzlich, ob sie einverstanden wäre, mit ihm nach Vietnam zu ziehen. Er habe ein Angebot, dort weiter aufzusteigen, aber dafür müsse er seine Frau mitnehmen. «Ich war einverstanden», erinnert sich Céline, «selbstverständlich unterstützte ich ihn. Zu Anfang des Herbstes sind wir dann nach Vietnam umgezogen, in eine möblierte Wohnung, mit Chauffeur, alles von der Firma bezahlt, dazu Essensgeld und einen sehr hohen Nettolohn. Ich habe mich sehr gefreut. Aber kaum waren wir fünf Tage in der Wohnung, behauptete er, ich hätte Heimweh nach den Kindern. Ich war sehr erstaunt und irritiert, denn das war überhaupt kein Problem und vorher für ihn auch kein Thema gewesen.»

In jener Zeit bekam ihr Mann jedes Wochenende Anrufe. Er hat sich dann jeweils in ein anderes Zimmer verzogen für die Dauer des Telefongespräches. Da begann es Céline zu dämmern, und schließlich hat sie es kapiert. Sie stellte ihn zur Rede, und er beichtete, dass er sich in eine 26-jährige Vietnamesin verliebt habe. «Er hat mich nach dieser Aussprache den ganzen Tag alleine gelassen, bis spät in die Nacht hinein.» Eines Tages rief seine junge Geliebte frühmorgens an, während Céline und ihr Mann gerade frühstückten. Die junge Frau hatte offenbar den Bus zur Arbeit verpasst. «Da hat mein Mann alles fallen gelassen, um sie zu holen. Ich versuchte, ihn zur Räson zu bringen: ‹Das kannst du nicht machen, so benimmt man sich nicht in Asien als Vizepräsident!›, sagte ich. Ich habe geweint, bin explodiert, alles nützte nichts.»

Céline ist dann zurück nach Deutschland geflogen. «Er versprach, mich und unsere Töchter öfters besuchen zu kommen, aber er ist erst am 24. Dezember wieder aufgetaucht.» Im Januar bekam ihr Mann Probleme, die Chefin in Vietnam tolerierte sein Benehmen nicht mehr. Er musste gehen und kam arbeitslos zurück nach Deutschland. «Ich war damals schon dabei, die Trennung zu beantragen, aber ich konnte ihn ja nicht einfach draußen stehen lassen, ich war schließlich seine Ehefrau.»

Die Kränkungen und Verletzungen, die die Frauen erfahren haben, äußern sich in diesen Geschichten zwar unterschiedlich dramatisch, doch scheint das mehr eine Frage des persönlichen Temperaments und der Haltung der betroffenen Frauen zu sein. Denn auch bei den Frauen, die ihre Geschichte sehr sachlich und in der Rückschau über mehrere Jahre schildern, wird diese Verletzung wieder sichtbar – sei es im Tonfall des Erzählens, in der Körperhaltung oder in Tränen. Der Schock kann sich auch körperlich auswirken, wie bei Alexandra: «Für mich war das Ganze sehr selbstzerstörerisch. Zwei Monate nach dem Geständnis meines Mannes bekam ich plötzlich Herzstechen. Und das hörte und hörte nicht auf. Ich bin dann endlich zum Arzt gegangen und war von da an eine Dauerpatientin. Angenehm war das fürwahr nicht, auch wenn es für mich klar war, dass es sich dabei um eine heftige psychosomatische Reaktion handelte. Und Angst, es könnte doch etwas Schlimmeres sein, hatte ich natürlich auch. Erst nach der Scheidung hörten die Herzbeschwerden auf. Mein Arzt konnte Entwarnung geben. Das hat zu guter Letzt meine Ansicht bestätigt, dass es sich um psychosomatische Symptome gehandelt hatte. Ich bin – relativ – cool damit umgegangen, weil ich davon überzeugt war, dass die gesundheitlichen Probleme mit dem Ende des Dramas auch wieder abklingen würden.»

Und doch, die Angst ums eigene Leben begleitete den Verlust des Ehemannes. Nicht nur der Tod der Ehe stand im Raum.

Alle Frauen, die ich befragt habe, haben erlebt, dass ihr Partner sie zu einer austauschbaren Größe gemacht, sie entpersonalisiert und entwertet hat. Speziell verletzend ist es dabei gewesen, gegen eine so viel Jüngere ausgetauscht zu werden. Denn das entwertet die Entwicklung, welche die Frauen im Laufe der Beziehung gemacht haben, reduziert sie auf ihren älter werdenden Körper. Das wird auch nicht gemindert dadurch, dass der Mann, wie Thomas zum Beispiel, betont, vor allem die Unbeschwertheit und Fröhlichkeit der jungen Frau sei es, die ihn ergriffen habe. Wie soll eine Ehefrau, die die Kinder erzieht, den Haushalt schmeißt, vielleicht noch im eigenen Geschäft mitarbeitet oder in ihrem eigenen Beruf bestehen muss, wie soll sie je mit einer so jungen und unbe-

Beim Verlust eines Partners, sei es durch eine urplötzliche Scheidung oder durch den Tod des Partners, gehen wir durch verschiedene Phasen der Trauer und deren Verarbeitung.

Die Trauerphasen nach Verena Kast:

Erste Phase: Nicht-wahrhaben-Wollen

Der Verlust wird zunächst verleugnet, die Trauernde fühlt sich meist empfindungslos und ist oft starr vor Entsetzen: «Es darf nicht wahr sein, ich werde erwachen, das ist nur ein böser Traum!» Die erste Phase ist meist kurz, sie dauert ein paar Tage bis wenige Wochen.

lasteten Frau in Konkurrenz treten können? Und warum sollte sie das überhaupt? Denn dadurch würden ihr ja gerade ihre Leistungen in und für die Beziehung zum Vorwurf gemacht, während der Mann keinen Moment in den eigenen Spiegel schaut. Denn auch er ist nicht mehr der unbeschwerte, fröhliche und körperlich ungebremste Held, der er mal war.

Doch in dieser ersten Phase des Schocks und der Trauer löst die Erinnerung an den Mann, wie er früher einmal war, bei den Frauen sofort wieder diese Sehnsucht aus; der Verlust der Liebe wird noch stärker empfunden. Jede Erinnerung an gemeinsam Erlebtes schmerzt, nicht nur weil es unwiderruflich vorbei ist. Das Vergangene ist nun gleichzeitig auch entwertet. Ersetzbar. Und die Erkenntnis, dass es keine gemein-

Zweite Phase: Aufbrechende Emotionen

In der zweiten Phase werden durcheinander Trauer, Wut, Freude, Zorn, Angstgefühle und Ruhelosigkeit erlebt, die oft auch mit Schlafstörungen verbunden sind. Eventuell setzt die Suche nach einem «Schuldigen» ein. Der konkrete Verlauf der Phase hängt stark davon ab, wie die Beziehung vorher war, ob zum Beispiel Probleme noch besprochen werden konnten oder ob viel offengeblieben ist. Starke Schuldgefühle im Zusammenhang mit den Beziehungserfahrungen können bewirken, dass man auf dieser Stufe stehen bleibt. Das Erleben und Zulassen aggressiver Gefühle hilft dem Trauernden dabei, nicht in Depressionen zu versinken. Weil in unserer Gesellschaft Selbstbeherrschung ein hoher Wert ist und abhängig von familiären und gesellschaftlichen Prägungen sogar die Tendenz bestehen kann, Trauer ganz zu verdrängen, bestehen oft große Schwierigkeiten, diese Phase zu bewältigen. Indem die adäquaten Emotionen auch tatsächlich erlebt und zugelassen werden, kann die nächste Trauerphase erreicht werden.

Dritte Phase: Suchen, finden, sich trennen

In der dritten Trauerphase wird der Verlorene unbewusst oder bewusst «gesucht» – meistens, wo er im gemeinsamen Leben anzutreffen war (in Zimmern, Landschaften, auf Fotos, auch in Träumen oder Fantasien). Mit der Wirklichkeit konfrontiert muss der oder die Trauernde immer wieder lernen, dass sich die Verbindung drastisch verändert hat. Der Verlorene wird bestenfalls zu einem «inneren Begleiter», mit dem man durch inneren Dialog eine Beziehung entwickeln kann. Im schlechteren Fall lebt der Trauernde eine Art Pseudoleben mit dem Verlorenen, nichts darf sich ändern, der Trauernde entfremdet sich dem Leben und den Lebenden. Wenn der Verlorene aber zu einer inneren Person wird, die sich weiterentwickeln und verändern kann, wird die nächste Phase der Trauerarbeit erreicht. Besonders hilfreich erweist sich, wenn in dieser Phase des Suchens, des Findens und des Sich-Trennens auch noch ungelöste Probleme mit der verlorenen Person aufgearbeitet werden können. Bisweilen kommt es in der dritten Phase auch zu Wutausbrüchen.

same Erinnerung, kein gemeinsames Zurückschauen mehr geben wird, wird als schmerzhafter Verlust für die Zukunft erlebt. Ja, alles ist Verlust, wohin die Frau auch schaut, die Vergangenheit verloren, die Gegenwart gestorben und die Zukunft leer. Und oft bekommen die Frauen nicht mal Zeit zugestanden, die Trauer in einem einigermaßen geschützten Rahmen zu durchleben. Der Mann wechselt «fristlos» von der Ehefrau zur neuen Flamme. Françoise Chandernagor beschreibt das in ihrem Buch «Die erste Frau» sehr eindrucksvoll: «Ich hätte ihn gerne inständig darum gebeten, mir aus reinem Anstand fünf oder sechs Wochen zu geben, nur ein bisschen Zeit, mich umzustellen.» In ihrer Ich-Erzählung, die ihr zur Verarbeitung des Trennungsschmerzes diente, erinnert sie sich an Dido, die Königin von Karthago, die ihren Geliebten bittet «um ein bisschen Zeit, um etwas Ruhe und um eine Frist für meinen rasenden Schmerz, bis mein Geschick mich, in meiner Niederlage, gelehrt hat, zu leiden». Doch Didos Geliebten bewegt kein Weinen, die Worte, die er hört, vermögen ihn nicht zu erweichen. Ein Gott hat ihm die Ohren verstopft.

> ***Vierte Phase: Neuer Selbst- und Weltbezug***
>
> *In der vierten Phase ist der Verlust soweit akzeptiert, dass der verlorene Mensch zu einer inneren Figur geworden ist. Lebensmöglichkeiten, die durch die Beziehung erreicht wurden und die zuvor nur innerhalb der Beziehung möglich gewesen sind, können nun zum Teil zu eigenen Möglichkeiten werden. Neue Beziehungen, neue Rollen, neue Verhaltensmöglichkeiten, neue Lebensstile können möglich werden. Dass jede Beziehung vergänglich ist, dass alles Einlassen auf das Leben an den Tod grenzt, wird als Erfahrung integrierbar. Idealerweise kann man sich dann trotz dieses Wissens auf neue Bindungen einlassen, weil man weiß, dass Verluste zu ertragen zwar schwer, aber möglich ist und auch neues Leben in sich birgt.*

Der Schmerz wird auch nicht kleiner dadurch, dass es vielleicht vorher schon Zweifel am Zustand der Beziehung gab, wie Regina erfahren hat. Regina war um die vierzig, als sich ihr Mann, ein selbstständiger Handwerker mit eigener Firma, in eine seiner Angestellten verliebte. «In unserer Ehe hatte ich die Rolle des dienenden Weibchens», erzählt sie. «Er hätte nie im Haushalt geholfen und verlangte selbstverständlich, dass ich dieses alte Rollenbild lebte. Das habe ich auch gemacht, obwohl ich ganz anders aufgewachsen war.» Die sexuelle Beziehung der beiden war nicht mehr besonders gut gewesen. Der Versuch, Sex zu haben, scheiterte oft, weil er keine Erektion mehr bekam, und das machte ihm zu schaffen. «Dann verliebte er sich in eine viel jüngere Angestellte, die das Gegenteil all dessen war, was er von mir immer verlangt hatte. Sie lebte genau das Frauenbild, das er mir nicht zugestanden hatte, war egoistisch und fordernd. Er hat das sehr bewundert, und mich hat das sehr verletzt.» Aus der Verliebtheit ihres Ehemannes entstand aber keine Beziehung, vermutlich war die junge Frau an diesem nur halbwegs erfolgreichen älteren Mann nicht interessiert genug. Trotzdem war Regina geschockt. «Ich habe nach dieser Kränkung Hilfe gesucht, wir gingen in eine Paarberatung. Doch irgendetwas war da schon kaputt.» Wenn Regina heute von damals erzählt, fällt ein Schatten über ihr sonst fröhliches Gesicht. «Es ist einfach schade, dass er es nicht gepackt hat. Glücklich ist auch er nicht geworden.»

Noch schlimmer ist es, wenn gleichzeitig auch die Kinder ihren Vater verlieren, wie bei Else. Else ist eine erfolgreiche Karrierefrau und leitet eine Abteilung in einem Unternehmen. Als ihr Ehemann Knall auf Fall die Familie verließ, war die ganze Verwandtschaft erschüttert. Ihre Schwester erinnert sich: «Er sagte, wenn er Frau und Kinder in eine Waagschale lege und die neue Liebe in die andere, dann wiege die ganze Familie nicht so viel wie diese neue Liebe. Das hat Else sehr verletzt und auch die Kinder, vor allem die Tochter, die ihm ähnlich war und sehr nahe stand. Und für Else war das Schlimmste, dass er die Kinder so verletzt hat.» Für Kinder ist eine solche Trennung sehr schwierig. Sandra, eine meiner Gesprächspartnerinnen, hat es als Tochter so erlebt: «Schlimm für mich war, dass das von Vater als etwas völlig Normales hingestellt wurde. Wir sind mit Vater zum See gefahren, ich durfte im Auto vorne sitzen, weil ich jetzt schon zwölf war. Er hat erzählt, dass er am See jemanden treffe. Zunächst hab ich gedacht, dass wir diese Person alle zusammen treffen würden, aber dann begriff ich, dass wir Kinder dabei nicht erwünscht waren.» Nachdenklich fügt sie hinzu: «Er hatte überhaupt kein Mitgefühl für unsere Situation, das fehlt mir im Nachhinein von beiden. Mutter war überfordert, versuchte auf heile, normale Welt zu machen. Wir Kinder haben gesehen, dass sie leidet, aber dass auch wir litten, wurde nicht wahrgenommen. Ich kann mich nicht erinnern, dass wir Kinder untereinander darüber gesprochen hätten. Meine älteren Geschwister haben die neue Freundin irgendwann kennengelernt, ich nicht. Sie haben aber nie mit mir darüber gesprochen. Vielleicht wollten sie mich schonen, weil ich die Jüngste war. Vermutlich waren wir aber alle innerlich allein mit der Situation. Ich habe ungläubig reagiert, es war so, als ob etwas Grundlegendes nicht mehr stimmen würde. Bis dahin hatte ich uns als funktionierende Familie erlebt und dachte, die Ehe meiner Eltern sei gut. Und dann, mit einem Mal, stimmte alles nicht mehr!» Sandra erinnert sich, wie es sich irgendwann einpendelte, dass der Vater jedes zweite Wochenende verreiste. «Das wurde uns von den Eltern als normal verkauft, und über die Jahre wurde es auch Normalität. Ich hab mich manchmal sogar darauf gefreut, dass er wegfuhr, weil ich dann bei meiner Mutter schlafen durfte. Ich war mit meinen zwölf Jahren noch ganz Kind und hab das immer sehr genossen.»

Als sehr junge Frau verliebte sich Sandra später in einen

wesentlich älteren, verheirateten Mann, heiratete ihn schließlich und bekam ein Kind. Doch die Ehe war nicht glücklich: «Mein Mann wollte selber das Kind sein, wollte die volle Aufmerksamkeit, produzierte dauernd riesige Dramen, lief davon, wenn es schwierig wurde oder wenn es ihm nicht passte. Er war nicht bereit, Partner zu sein.» Sandra verzweifelte, es war, als würde sie die Geschichte ihrer Mutter wiederholen. «Mit der Scheidung dieser Ehe habe ich – so sehe ich das heute – etwas für unsere Frauenlinie in Ordnung gebracht. Ich habe das getan, was meine Mutter hätte tun sollen: den unreifen Mann vor die Tür stellen.» Vorher, so sieht es Sandra heute, wurde das Frausein in dieser Familie nicht gewürdigt. «Es war ein guter Schritt, das Muster wurde unterbrochen, es gibt jetzt auch andere Formen, Frausein zu erleben, nicht nur aufopfernd zu leiden. Meine Tochter hat nun die Möglichkeit einer neuen Rolle.»

Sandra konnte sich so aus dem Hamsterrad ihrer Eltern lösen und sich auf eine eigene Beziehungsform einlassen. Sie hat ihr Leiden von damals durch etwas Besseres ersetzt. Ihrem Bruder gelang dies lange Zeit nicht. «Mein Bruder musste halt die Interessen der Mutter verteidigen. Nach dem Tod unserer Schwester rutschte er zusätzlich in die Rolle des Ältesten, und Mutter und Sohn hatten sowieso eine spezielle Beziehung. Mein Bruder musste den Vater ersetzen. Er hat das unserem Vater nicht verziehen, bis er dann selber auch mal eine Freundin nebst der Ehe hatte. Da hat sich das etwas relativiert. Er hat

Wer kennt sie nicht, die verbitterte Frau, die nur noch über ihre Scheidung und ihren Ex redet und wie er sie über den Tisch gezogen hat.

dann gemerkt, dass es einen Mann völlig durcheinanderbringen kann. Er hatte Vater vorher sehr verurteilt.»

Dass ein Mann einfach aus einer Ehe mit Kindern ausbricht und eine Jüngere nimmt, ist schon schlimm genug. Wenn der Mann aber auch noch den Geldhahn zudreht und der Ehefrau die Existenz unter den Füßen wegzieht, wird die Situation unerträglich. Der verlassenen Familie wird damit nicht nur die Liebe gekündigt, sondern quasi auch das Existenzrecht abgesprochen. Célines Wut wird wieder wach, als sie lebhaft erzählt: «Nach dieser langen Vorgeschichte in Vietnam und nach meiner Rückkehr informierte mich ein Anwalt im Namen meines Mannes, dass mein Mann die Scheidung verlange. Ich habe den Brief unseren Töchtern gezeigt, sie waren total schockiert. Und dann war plötzlich meine Kreditkarte gesperrt, ich stand an der Kasse im Lebensmittelgeschäft und konnte nicht bezahlen. Das war unendlich demütigend! Die Kassiererin kannte mich, wir einigten uns darauf, dass die Karte defekt sein müsse. Aber es war schrecklich.» Doch Céline hatte sofort den Verdacht, dass ihr Mann die Karte hatte sperren lassen. Außer sich rief sie ihn an. Was das solle? Wieso er ihr seine Scheidungsabsicht nicht persönlich mitgeteilt habe und wieso, zum Teufel, er ihr die Kreditkarte sperre? «Die Kreditkarte war mein Baby, meine Sicherheit, ich bin in bitterer Armut aufgewachsen, mit dem Entzug des Geldes traf er mich zutiefst. Er hoffte wohl, ich würde mich umbringen. Aber da hat er sich getäuscht. Ich werde kämpfen um alles, was mir zusteht.»

Finanzielle Ungerechtigkeit bei der Trennung wird von vielen Frauen als existenzielle Erschütterung erlebt und sehr schlecht verkraftet. Wer kennt sie nicht, die verbitterte Frau, die nur noch über ihre Scheidung und ihren Ex redet und wie er sie über den Tisch gezogen hat. Wie sie ums Geld kämpfen muss für sich und die Kinder, während er das Geld mit der jungen Frau zum Fenster hinauswirft. Besonders schlimm ist es, wenn die Frau zugunsten ihres Mannes auf eine eigene Karriere verzichtet hat. Oder das Ehepaar zusammen ein Geschäft aufgebaut hat und sie nun bei der Scheidung alles verliert, oft keinen Lohn bezogen, keine eigene Altersvorsorge aufgebaut hat. Wie soll dieser große Groll, diese Ungerechtigkeit, diese Verbitterung je wieder abklingen? Wie können diese Frauen sich wieder fangen, das Gefühl der Ohnmacht ablegen, wenn der Mann in diesem letzten Akt seine Macht übers Geld ausspielt und ihr mit der Liebe auch jede Fairness kündigt, ihre Existenz fast vernichtet und, noch schlimmer, auch die seiner eigenen Kinder. Wie kann ein Vater überhaupt so etwas tun?

Einsichten

- Frauen arbeiten an ihren Beziehungen – oft bis zum bitteren Ende, bis die Hoffnung definitiv stirbt.
- Geld kann zum Machtinstrument werden, der Beizug einer Rechtsberatung macht Sinn.
- Es droht das Abgleiten in die Verbitterung und das ungesunde Verharren in der Opferrolle.
- Eine lohnende Frage: Werden Frauen, wenn sie Mutter werden, auch zur «Mutter» ihres Mannes? Und ist das gut für die Liebe?

Und das sagen die Fachleute:

Es scheint, als sei Beziehungsarbeit in erster Linie Frauenarbeit. Frauen, so belegt die Wissenschaft immer wieder, sind viel eher sozial ausgerichtet und sozial kompetenter als Männer. Frauen sind es, die Paartherapeuten aufsuchen, um an ihrer Beziehung zu arbeiten. Männer finden das blöd.

Und trotzdem fallen Frauen aus allen Wolken, wenn der Mann fremdgeht. Gibt es denn keine warnenden Vorzeichen dafür? Müsste in einer guten Beziehung nicht dauernd der Seismograf eingeschaltet sein, der beim Partner, aber auch bei sich selber Unzufriedenheit registriert und anzeigt? Beziehungen, so erleben es Paartherapeuten immer wieder, machen im Lauf der Ehe einen seltsamen Wandel durch. Zu Beginn ist alles rosarot, selbst Konflikte werden nach kurzer Zeit vergessen, man findet sich schnell wieder im gemeinsamen Rausch des Glücks. Zunehmend aber werden die Mängel auf beiden Seiten unübersehbarer, und dann geschieht etwas Fatales. Man beginnt den Partner als Projekt zu sehen: Wenn er diesen Fehler ablegen würde, wäre es besser. Wenn er jenes Verhalten ändern würde, wäre ich glücklicher. Die beiden Partner beginnen, aneinander herum zu werkeln – anstatt an sich selber. Dabei geht ein wesentliches Potenzial einer Beziehung verloren, das Potenzial der Unabhängigkeitsentwicklung. Liebe, so spekulieren manche Psychologen und Philosophen, ist nicht ein Gefühl, sondern eine Haltung. Lieben heißt, dem Anderen eine unabhängige Entwicklung zuzugestehen und das Beste aus ihm heraus zu lieben, durch Anerkennung, durch Förderung, durch Wertschätzung.

Wenn nun aber ein Paar längere Zeit an den Fehlern des Gegenübers herumflickt, gerät dieses Potenzial zunehmend in den Hintergrund. Spätestens wenn Kinder kommen und wir Frauen in die Mutterrolle hineinwachsen, besteht die große Gefahr, dass wir auch den Mann in unsere Erziehungsarbeit einbeziehen, nicht als Partner, sondern als Kind. In unserer Mutterrolle wissen wir, wie es richtig sein sollte. Es besteht dann die Gefahr, dass wir diese Haltung auf unsere Männer übertragen und auch für sie zur Mutter werden. Viele Frauen empfinden ihren Mann als zusätzliches Kind. «Nach der Geburt unseres ersten Kindes hatte ich plötzlich zwei Kinder, das Neugeborene und meinen Mann», erzählen viele Frauen in der Therapie. Durch das Kind entthront, reagieren Männer manchmal kindisch, und die zur Mutter gewordene Partnerin versteht das Signal nicht. Sowohl wir Frauen wie auch die Männer tappen ahnungslos in diese Falle. Wir Frauen übernehmen dann automatisch die Verantwortung für unsere Männer, und die Männer geben sie ab, wie bei Muttern. Und dann reagieren sie entsprechend und beginnen, sich vor uns zu verstecken. Wie jeder Junge müssen sie sich definieren über das, was nicht zur Mutter gehört. Sie gehen in die Kneipe, sie gehen zur Arbeit, sie gehen zur Geliebten. Sie lehnen sich auf gegen die Mutter – gegen die Partnerin.

Wenn die Beziehung in diese Sackgasse gerät, funktioniert auch der Seismograf nicht mehr. Wir merken gegenseitig nicht mehr, was die eigentlichen Bedürfnisse des Partners sind, und wir sind daher auch nicht in der Lage, sie zu stillen. Und wenn dann die Männer – wie jeder Junge – eines Tages nach Hause kommen und eine Geliebte mitbringen, sind wir geschockt. Im Nachhinein müssen wir uns dann ernsthaft fragen: Hätte ich es kommen sehen können? Erst das Eingeständnis dieses Beziehungswandels kann helfen, wieder die andere Qualität des Liebens zu entdecken, sei es für den bisherigen Partner oder dann halt für den nächsten.

In solchen Fällen raten Paartherapeuten oft, sich an die erste Zeit der Beziehung zurück zu erinnern. Wie war es damals? Was haben wir füreinander empfunden? Diese Erinnerungen und Fantasien sind eine wertvolle Ressource. «Paare wünschen sich manchmal, wieder von vorne beginnen zu können», sagt die Psychotherapeutin Maria Kapossy. «Da hilft es, aus der Kiste des Anfangs glückliche Momente hervorzukramen und etwas damit anzufangen. Auch wenn die Beziehung endgültig gescheitert ist, ist die Erinnerung an die glücklichen Momente eine große Hilfe, um nicht in Verbitterung zu geraten. Wir hatten auch gute Zeiten! Und auch mit einem nächsten Partner kann es wieder gut gehen.»

Wenn wir das nicht schaffen, wenn wir hängenbleiben in den Vorwürfen, dann geht der Streit weiter, oft über das Geld oder, noch schlimmer, über die Kinder. Dann werden wir bitter und verstricken uns in elend lange Grabenkriege. «Kinder können sehr wohl damit leben, wenn ihre Eltern auseinander gehen», sagt Kapossy, «solange sie noch eine Mutter und einen Vater haben. Sie können auch mit der Trauer der Eltern leben, wenn das Trauern nicht verschwiegen oder auf sie abgeladen wird.» Aber wenn die Trennung so schockartig passiert, dann brauchen auch sie vielleicht Hilfe. Sie haben ihre eigene Trauer zu bewältigen, und Therapeuten können auch ihnen dabei helfen.

Von den Zwängen der Männer, angenommenen Rollen und falschen Träumen

Von Charles Meyer

Unser Bergsteiger Thomas, der da auf der Berghütte seinem jungen blonden Traum erlegen ist, hätte vor diesem Moment auf die Frage, wie es ihm so gehe im Leben, voller Überzeugung geantwortet: «Recht gut.» Drei Kinder, eine liebe Frau, ein gut gehendes Geschäft, was will der Mensch mehr? Bei längerem Nachfragen hätte er vielleicht bemerkt, dass dieses Leben eigentlich auf einer Entscheidung seines Vaters beruhte. Es war keine Frage, welchen Beruf er erlernen sollte, sondern eine unausgesprochene Bestimmung, den des Vaters zu übernehmen. Noch heute erinnert er sich, wie seine Eltern ihn und seine frisch angetraute Irmgard zu einem leer stehenden Geschäftslokal an erfolgversprechender Lage führten und wie der Vater sagte: «Da, schau, eure künftige Existenz.» Da war kein Zweifel. «Meine Frau und ich, wir haben beide Ja gesagt.» Was für den Vater stimmt, stimmt das auch für den Sohn?

Erst viele Jahre später, nach dem Scheitern seiner dritten Ehe, erinnerte sich Thomas vage an seinen früheren Wunsch, Philosophie zu studieren, etwas über das Leben an sich zu erfahren, sich den großen Fragen des Lebens zu stellen. Er schrieb sich an der Uni seiner Stadt ein, er über fünfzig, die andern Studenten um die zwanzig. Es braucht nicht viel

Fantasie, um vorauszusehen, was sich nun abspielen würde: Da war die junge Studentin Olga, hatte ein Stipendium ihres Heimatlandes Ungarn, sah den offenbar wohlhabenden Mann, weltgewandt, erfahren, Sicherheit versprechend. Und das Karussell drehte sich für Thomas von Neuem.

Wenn Väter in Werbespots im Fernsehen erscheinen oder in Sitcoms, dann sind sie allenfalls fröhliche Spielkameraden für ihre Kinder. Infantil. Oder Softies. Meist Idioten. Jedenfalls keine Männer.

Wenn sich Thomas an seinen Vater erinnert, kommt ihm dunkel die Vorstellung, schon er hätte damals eine Freundin neben der Ehefrau gehabt. Ob das vielleicht einen Zusammenhang ergäbe? Mag sein. Wir Männer tun viel, um die Liebe des Vaters zu gewinnen. In meiner Arbeit als Coach für Männer erlebe ich immer wieder, dass Männer die Geschichte ihres Vaters wiederholen. Meist ungewollt, meist unbewusst stolpern sie doch in etwas, von dem sie sagen müssen: «Genau wie mein Vater.» Oder «ähnlich wie mein Vater». Und oft steht dahinter die große kindliche Liebe zum Vater. «Schau», scheint der innere Junge zu sagen, «ich bin genau gleich wie du». Und er erhofft sich damit, die Liebe des Vaters zu gewinnen. Was dann oft falsch herauskommt. Denn oft ist der Vater ja gar nicht, wie er selber gern wäre, und schon gar nicht will er, dass sein Sohn ebenso herauskommt. Dann übernimmt der Sohn auch folgerichtig gleich noch die «innere Verurteilung» mit.

So erging es meinem Klienten Martin, der im vorletzten Kapitel gesagt hat, seine Frau käme nicht an gegen den Körper einer Jüngeren. Martins Vater hatte seinerzeit genau dasselbe getan wie er. Er hatte Frau und Kinder verlassen, Hals über Kopf, und hatte eine Jüngere genommen. Martin hatte ihm das nie verziehen. Auch andere «väterliche Segnungen» waren dermaßen verletzend, dass Martin am Ende den Kontakt zu seinem Vater abgebrochen hatte. Und nun passierte ihm genau dasselbe. Aus kindlicher Liebe?

Hätten wir Männer einen idealen Vater, würde so etwas nicht passieren. Der ideale Vater lockt uns weg von der Geborgenheit bei der Mutter, hinaus ins aufregende Leben. Er zeigt uns die Welt, und er zeigt uns den Umgang mit dem andern Pol dieses erregenden Lebensspiels, den Umgang mit der Frau. Dies tut der ideale Vater. Aber kaum jemand hat einen idealen Vater. Die heutige Psychologie beklagt inzwischen mehrere Generationen von Männern, deren Väter abwesend waren. Die Väter waren im Krieg oder im Büro, bei der Geliebten oder hinter der Zeitung. Oder sie waren schlicht beschäftigt mit ihrem eigenen Unglück. Oder sie übertrugen die eigene Strenge gegenüber ihren Wünschen und Sehnsüchten auf die Buben. Manche väterliche Hand schlug nicht aus väterlicher Liebe, sondern aus verzweifelter Unterdrückung der eigenen Rebellion gegen die Enge des gewählten Lebens. Und oft blieb es bei diesen seltenen und verzweifelten Begegnungen zwischen Vater und Sohn. Die liebevollen Begegnungen fanden nicht statt. Das Weitergeben eines positiven Vaterbildes blieb aus. In meinen Workshops mit Männern erinnern sich Männer manchmal an die warme Umarmung ihrer Väter, an ihren Atem, an die Haare in den Nasenlöchern, die sie als kleine Buben bestaunten, und sie erinnern sich schnell auch an ihre Sehnsucht nach dem Vater und daran, dass diese Begegnungen sehr selten waren. Dass der Vater irgendwie nicht da war, nicht zuverlässig, nicht interessiert. Diese Erinnerungen können sehr schmerzhaft sein. Nur wenige Männer berichten von guten Vätern. Wir sind, was die Philosophin Simone de Beauvoir schon im letzten Jahrhundert kommen sah: eine vaterlose Gesellschaft geworden. Das Bild des «guten Vaters», des idealen Vaters ist uns abhanden gekommen. In den Medien, in den Spielfilmen, im Fernsehen, in der Literatur gibt es ihn nicht mehr. Wenn Väter in Werbespots im Fernsehen erscheinen oder in Sitcoms, dann sind sie allenfalls kindliche Spielkameraden für ihre Kinder. Infantil. Oder Softies. Meist Idioten. Jedenfalls keine Männer. Und in den Medien erscheinen Väter heute zunehmend als sexuell übergriffig. Kein schönes Land.

Dabei wäre es für Männer so wichtig, im Vater einen Mentor zu haben, der den Jungen an der Hand nimmt und ihn das Mannsein lehrt. Es wäre so wichtig, das innere Bild des idealen Vaters zu entwickeln und mit ihm das eigene Verhalten zu reflektieren und es an ihm zu messen. Und es wäre wichtig, dass wir Männer dieses Bild vom idealen Vater in uns tragen, als Gegenbild zum realen Vater, damit wir unseren eigenen Kindern nicht dasselbe antun, wie es uns unser Vater angetan hat.

Wenn Thomas oder Martin an ihre Kinder denken, die sie verlassen haben, dann legt sich ein Schatten über ihre Seele. Schlechtes Gewissen? Unterbrochene Liebe? Unbewusstes Wiederholen der eigenen kindlichen Geschichte?

Thomas, unser Mann mit den vier jüngeren Frauen, erinnert sich, dass sein Vater gar nicht da war, als er ein Junge war. Vater war im Krieg. Jahrelang. Die Mutter hatte das

Geschäft übernommen, hat «ihren Mann gestellt» und die Familie durch die Hungerjahre geführt. Sie hatte die «Hosen angezogen» und ihren beiden Söhnen stolz das Überleben beigebracht. Der kleine Thomas «half» der Mutter und den Tanten mit seinem Charme, seiner kindlichen Liebe, und dafür wurde er gelobt, hochgelobt, überhöht. Später hat er dasselbe mit seiner Irmgard gemacht. Mit seinem Charme, seiner kindlichen Liebe, seiner Aufmerksamkeit war er ein wundervoller Ehemann. Aber ein Vater seiner Kinder? Woher hätte er dafür ein Vorbild nehmen sollen? Und als die nächste kam, war er wieder dieser charmante Gentleman, voller Hingabe und Aufmerksamkeit dieser wunderschönen Frau gegenüber, bis die nächste kam. Das Seltsame: Alle seine Ex-Frauen mögen ihn noch immer, backen ihm Kuchen zum Geburtstag und versuchen, nicht wieder zu schmelzen, wenn sie ihm gegenüberstehen. Vielleicht, weil Frauen sich hinreißen lassen, wenn sie von kindlichem Charme umspielt werden? Vielleicht, weil sie als Mütter ahnen, dass dieser Mann eine tiefe Wunde mit sich herumträgt, die Wunde, vom Vater nicht geführt worden zu sein?

Horst zum Beispiel, ein erfolgreicher Manager bei einer ziemlich spezialisierten Forschungsfirma, hat nach der Trennung von seiner Familie das Angebot einer Firma weit ab von seiner Heimatstadt angenommen und leitet dort nun ein eigenes Forschungs-Institut. Die berufliche Chance seines Lebens. Täglich um zwanzig Uhr setzt er sich heute an seinen Computer und ruft seine beiden 9- und 12-jährigen Buben über Skype an – tausend Kilometer von ihm entfernt. Dann zuckeln jeweils Bilder von zwei lebendigen, sehnsüchtigen, traurigen Jungen über seinen Bildschirm, und er unterhält sich mit ihnen über Fußball oder über die Schule. Über die Mutter können sie nicht reden, diese drei «Männer», denn die Mutter hat dem Vater seinen «Abgang mit einer Jüngeren» nicht verziehen, und die Kinder stehen dazwischen. Und allen zerreißt es das Herz. Dann gehen die Söhne schlafen, halb getröstet. Aber eben nur halb. Und Horst geht zu seiner neuen Liebe. Und seine Verzweiflung als Vater folgt ihm nach.

Hätte Horst einen idealen Vater in sich, was würde der ihm raten? Hätte er diese Trennung zugelassen? Horsts realer Vater war seiner Frau nicht gewachsen. Dauernd stritten sich die Eltern, und Horst, das Einzelkind, hatte sich schon früh als Vermittler betätigt. Schon als 14-jähriger zwang er seine Eltern, sich mit ihm an einen Tisch zu setzen und seinen Gesprächsanweisungen zu folgen. Er hatte Techniken entwickelt, nach denen er seiner Mutter und seinem Vater jeweils genau bemessene Redezeiten zuteilte. Eine unmögliche Aufgabe für einen Jungen. Aber Horst hat sie auf sich genommen. Tun seine Buben heute dasselbe, hin- und hergerissen zwischen den beiden Eltern, die sich gegenseitig verurteilen? Oder werden sie das eines Tages genauso tun wie ihr Vater damals als Junge?

Oft entwickeln wir Männer in unserem Leben als Erwachsene ein Bild vom Mann und von uns selbst, das unserem Vater ähnlich ist – und manchmal tun wir genau das Gegenteil. Beides aber bedeutet noch immer eine Abhängigkeit vom Vater.

Wen wundert es nun, dass sich Horst, als er das Elternhaus verließ, in eine Frau verliebte, die ihn bewunderte, die ihm ihr Leben anvertraute, mit der er in voller Harmonie lebte – «zwölf Jahre lang, ohne sich auch nur einmal zu streiten». Ganz im Gegensatz zu seinem Vater war Horst seiner Frau nicht unterlegen, sondern überlegen. Er brauchte sich nicht mit ihr zu streiten. Offenbar hatte er die Richtige gewählt.

Oft entwickeln wir Männer in unserem Leben als Erwachsene ein Bild, das unserem Vater ähnlich ist – und manchmal tun wir genau das Gegenteil. Aber beides bedeutet noch immer eine Abhängigkeit vom Vater. Und beides – so steht zu vermuten – tun wir aus einer unerfüllten Liebe zum Vater heraus. Das «Eigene», das «Ich tue es auf meine Weise» kommt oft erst später und oft nur unter Schmerzen zustande. Und manchmal erst in der zweiten Lebenshälfte. Wenn überhaupt.

Das Leben, das Horst nun führte, eine harmonische Ehe mit zwei netten Söhnen, war äußerlich vollkommen. «Wir galten als Traumpaar», sinniert er heute. Aber Horst wurde zunehmend unzufrieden, irgendetwas wurmte ihn. Er kam nicht weiter in seiner beruflichen Laufbahn. Seine Frau hängte sich an ihn, entwickelte keine eigenen beruflichen Perspektiven, ja sie gab ihren Beruf auf, um nur noch für ihn und die Kinder da zu sein. Anfangs fand er das gut, mit der Zeit jedoch nervte ihn das mehr und mehr. «Sie hatte keine eigenen Ideen, keine Wünsche, keinen Traum.» Als er sie einmal fragte, was denn ihre Traumvorstellung vom Älterwerden sei, antwortete sie, am liebsten sehe sie sich mit ihm auf der Bank vor ihrem gemeinsamen Haus sitzen, in Vorfreude darauf, dass die Söhne mit ihren Frauen und Kindern zu Besuch kämen. Horst war bestürzt über diese

Vorstellung. Seine eigene Vorstellung vom Älterwerden verband er seltsamerweise mit beruflichen Erfolgen, mit spannenden Auseinandersetzungen, mit Diskussionen und mit einer Frau, die ihn forderte. Die Harmonie, die er sich als Junge gewünscht und die er mit der Wahl seiner Frau erreicht hatte, schien plötzlich gar nicht mehr so verlockend.

Nun wäre dies wohl ein erster ernstlicher Hinweis darauf gewesen, dass Horsts Suche nach Harmonie wohl verständlich war, letztlich aber wohl nicht sein Ziel sein würde. Der ideale Vater hätte ihm vielleicht erklärt, dass Harmonie nur zeitweise möglich ist in einer Beziehung, dass sie eine Ruhephase ist zwischen Mann und Frau, jeweils dann, wenn die gegenseitigen Bedürfnisse wieder einmal auf den Tisch gekommen und in einer Auseinandersetzung benannt wurden. Harmonie entsteht nach einer Auseinandersetzung, vielleicht sogar nach einem Streit, auf jeden Fall nach einem Stellungsbezug auf das Eigene, das noch nicht Erfüllte. Dann nämlich können sich die beiden Pole von Männlichkeit und Weiblichkeit aufladen, und es entsteht eine Spannung, die sich folglich in einer Versöhnung, einer Umarmung, einem Aufbruch zu einem nächsten Projekt oder in leidenschaftlichem Sex entladen kann. Und erst dann stellt sich – vorübergehend – die wohlverdiente gemeinsame Harmonie ein. Horst erlebte stattdessen eine Ehe, in der sich nichts bewegte, nichts aufgewühlt wurde, nichts veränderte. Er und seine Frau hatten durchschnittlichen Sex, langweilige Abende, harmonische Gespräche bei einem Glas Rotwein, die aber niemanden weiterbrachten. Nicht mal mit achtzig Jahren wollte er so leben!

Aber es ist auch kein Wunder, dass Horst dieses Unbehagen für sich behielt. Zu tief war die kindliche Horrorerfahrung ewig keifender Eltern in ihm verwurzelt, als dass er nun einen Aufstand gewagt hätte, eine Rebellion, die Widerspruch herausgefordert hätte. Das hätte seiner Frau abverlangt, dass sie aufwacht, ihre eigenen Bedürfnisse erforscht, benennt und sie ihm schenkt als Herausforderung. Vielleicht hätte er sie damit auch überfordert. Wer weiß. Horst blieb still. Er blieb gefangen im Hamsterrad. Und lief und lief.

Hätte diese Ehe eine Chance gehabt, wenn Horst aus seinem Herzen keine Mördergrube gemacht, sondern auf den Tisch gepocht hätte? Wenn er gesagt hätte, sorry, ich habe fälschlicherweise die Harmonie gesucht und weiß nun, dass ich ein Mensch bin, der Spannung braucht? Wach auf, Frau, nimm Stellung zu meinen Wünschen, lass dich herausfordern? Mach was aus deinem Leben! Sei mir eine spannende Partnerin. Hätte seine Frau sich darauf einlassen können? Hätte sie ihrerseits dann wohl auch ihre verdeckten Wünsche entdeckt und auf den Tisch gelegt? Oder hätte sie gesagt, nein, mein Leben ist mir recht, wie es ist, ich will einfach eine harmonische Beziehung mit einem ruhigen, lieben Mann? Hätte die Frau ihrerseits eine Chance gehabt, wenn sie gemerkt hätte, dass diesem Mann etwas fehlt? Dass er gar nicht die bestellte Harmonie suchte, sondern Spannung, Lebenslust, eine herausfordernde Frau? Hätte sie dann das vom Mann «Bestellte» ausgewechselt gegen das «wirklich Gewünschte»? Hätte sie das überhaupt tun können? Wir wissen es nicht, die Ehe blieb still.

Das Leben aber bleibt nicht stehen und nicht still. Horst bekam nach langem Suchen eine Geschäftsführung angeboten, zwar im hintersten Winkel Europas, wo im Winter die Nächte ineinander übergehen. Aber Horst wusste, dass dies seine Chance war. Hier konnte er seine Theorien entwickeln, hatte Mitarbeiter, konnte forschen und sich einen Namen machen, der ihn dann strahlend zurück ins sonnige Mitteleuropa führen würde. Genau so war es am Ende auch, aber vorher kam die Krise.

Horst ließ Frau und Kinder zurück in der Großstadt, flog in den hohen Norden und mietete sich in einer kleinen, günstigen Kellerwohnung ein. Er verstand die Sprache der Leute nicht, ging kaum aus dem Haus außer zur Arbeit und fand sich plötzlich verkrochen in einem Loch und tat sich leid. So hatte er sich das nicht vorgestellt.

Wenn Männer aus dem Hamsterrad des von den Eltern geprägten Lebens aussteigen wollen, müssen sie zuerst Trauerarbeit leisten: Sie müssen durch das «Nicht mehr leugnen», dann durch die Wut, dann durch die Trauer, und erst dann gelangen sie ins Neue, Eigene. Abkürzungen gibt es nicht. Wer es trotzdem versucht, zahlt einen hohen Preis.

Das Leben hat Horst eine Möglichkeit angeboten, Trauerarbeit zu leisten. Alleine in seinem Loch, bewegt von Selbstmitleid hätte er Zeit gehabt, in sich zu gehen, das bisher Erlebte anzuschauen und zu ordnen, die Verzweiflung und Wut hervorkommen zu lassen aus ihrem finsteren Keller, vielleicht die Wut auf die Eltern, die ihre Streitereien vor ihm, ihrem Kind austrugen und sich von ihm therapieren ließen, statt selbst mit sich zurande zu kommen oder außerhalb der Familie Hilfe zu suchen. Und dann hätte er vielleicht aus seiner Trauer heraus sehen können, was es nun zu tun galt. Aber diese Herausforderung zu spüren und sie anzunehmen und durchzustehen ist äußerst schwer. Und niemand sagt uns, dass wir durch dieses finstere Tal hindurchmüssen. Überall locken die bequemen Abkürzungen. Alkohol, Psychopharmaka, andere Frauen. Es hat Zeiten gegeben, da wussten die Menschen um diese Passage. In Ritualen wurden sie eingeübt. Junge Männer, wenn sie ins Alter kamen, um sich von den Eltern zu trennen und ein eigenes Leben aufzubauen, mussten «Männlichkeitsriten» über sich ergehen lassen, die sie an den Rand des Abgrunds brachten, in Angst, Einsamkeit, Verzweiflung, Schmerzen. Allein mit sich selbst waren sie verlassen von allen guten Geistern. Nur wer dieses finstere Tal durchschritten hatte, wurde in die Männerwelt aufgenommen. Wir Heutigen haben das vergessen. Wir haben auch vergessen, was die Väter damals zu den jungen Männern sagten: Steh es durch. Sei ein Mann.

Stattdessen sagen wir heute zu den kleinen und großen Männern: Sei keine Heulsuse. Sei kein Weichei. Wir sagen ihnen nicht, dass Trauer zum Leben gehört, dass Verzweiflung, Schmerzen, Wut und Angst zum Leben gehören, weil sie uns weiterbringen. Wir sagen: Ein Mann steckt das weg. Und das machen sie. Sie stecken es brav weg und wissen nicht, dass sie leiden. Sie sind halbwegs zufrieden und bleiben im Hamsterrad, bis sie umfallen. Oder einen Fluchtweg finden.

Hätte Horst nun die Chance gehabt, sein Elend als Herausforderung zu sehen, die es anzunehmen gilt? Hätte er einen idealen Vater in sich gehabt, der ihm gesagt hätte: Steh es durch! Übernehme die Verantwortung für dich und dein Tun! – wäre er dann am Ende vielleicht nach Hause gefahren und hätte gesagt: Schau, unsere Ehe muss sich grundlegend ändern, ich bin ein Anderer, als wir beide gedacht haben? Hätte er dann eine Chance gehabt, auch seine Frau ganz anders, neu zu sehen? Frei von seinem Wunsch, eine brave Frau zu haben, eine harmonische Ehe, sondern so wie sie ist, mit all ihren verborgenen Schätzen? Hätte er dann eine Chance gehabt, seinen beiden Söhnen ein gutes Vorbild zu sein, ein «idealer Vater», der sich den Schwierigkeiten stellt, sie benennt und bereit ist, durch das Jammertal der Verzweiflung zu gehen, um dann gestärkt als verantwortungsvoller Mann seine Bedürfnisse auf den Tisch zu legen? Hätten seine Söhne dann eine Chance gehabt, einen Vater zu haben, der sie das Gleiche lehrt, wie er es selbst getan hat: sich der Welt zu stellen, sie herauszufordern, das Eigene auf den Tisch zu legen und zu entwickeln?

Horst wusste nicht um diese Herausforderung, die ihm das Leben in diesem Loch anbot. Oder er fühlte sich ihr nicht gewachsen. Stattdessen griff er verständlicherweise zum Türgriff des Notausgangs. An einem interdisziplinären Meeting begegnete ihm eine junge Frau, schön, frisch, erregend selbstständig mit großen Träumen und herausfordernden Ideen. Horst war hingerissen – und gerettet. Gerettet?

Den Rest der Geschichte kennen wir bis hin zu den Abenden mit den zuckelnden Bildern seiner Kinder auf dem Bildschirm seines Computers. Der Schmerz, von seinen Kindern getrennt zu sein, und das Wissen, dass er für seine Kinder ein abwesender Vater ist, sind möglicherweise der Preis, den er dafür zahlt, sich einer tieferen Auseinandersetzung entzogen zu haben. Hätte er die Abkürzung mit dem Schild «Notausgang ins Glück» nicht nehmen dürfen? Wer weiß das.

In seiner neuen Beziehung erlebt Horst jedenfalls das, was ihm vorher unbewusst so gefehlt hat: spannende Auseinandersetzungen, gegenseitige Herausforderungen, lustvolles Streiten und leidenschaftlichen Sex.

Es ist kein schönes Gefühl, im Hamsterrad zu strampeln. Am liebsten möchte man gar nicht so genau hinfühlen. Es hat etwas sehr Peinliches, zu erkennen, dass man vielleicht alte Muster lebt, Lebensmuster des Vaters, oder deren Gegenentwurf. Es ist sehr schwierig und braucht großen Leidensdruck oder feinfühliges Wohlwollen sich selber gegenüber, zu erkennen und zuzugeben, dass das, was man lebt, nicht das Eigene ist, sondern noch immer auf Mutter und Vater bezogen ist. Und das Eigene ist ja auch fremd, überdeckt, unklar. Es müsste regelrecht erforscht werden, mit Neugier, mit Mut, und das könnte gefährlich werden. Vermutlich ist das Eigene ja schon in der Kindheit weggesteckt worden und vielleicht «kindisch» geblieben, bar jeglicher Vernunft. Es muss erst wieder ins Leben gelockt und entwickelt werden. Die meisten Männer sind weit entfernt von solch feinfühligem Gespür sich selber gegenüber. Man macht einen guten Job. Man hat eine gute Ehe. Man hat angenehmen Sex. Natürlich ist nicht alles vom Besten, aber wer kann das schon von sich behaupten? Seien wir also vernünftig.

Einige Männer haben einen besseren Kontakt zu sich selbst und ihren Gefühlen. Sie wissen um den Zauber, dass wir immer alles gleichzeitig sind: Baby, Bub, Junge, Mann, und sie wissen, dass sie alle gelegentlich zu ihrem Recht kommen müssen. Wie ein idealer Vater, der den Kindern nicht das gibt, was sie wollen, sondern das, was sie brauchen. Wie ein guter König, der für das ganze Volk sorgt, für die ganze Persönlichkeit, für die ganze Familie, allparteilich quasi, wo jeder zu seinem Recht kommt und sein Bedürfnis stillen kann. Auch die Frau, die Königin.

Andere Männer haben sich weit entfernt von ihrem inneren Jungen, ihrem inneren Mann, Vater und König, von ihren ehemaligen Wünschen und Visionen für ihr Leben. Sie haben sich konzentriert auf Leistung und Erfolg. Als hätten sie alles abgespalten, was nicht diesen Zielen dient. Wem immer sie damit Eindruck machen wollen, sei es ihrem alten Vater, ihrer Mutter oder sich selbst – es wird nie genug sein. Manche von ihnen suchen sich dann Frauen, denen es reicht, im Leben eines Mannes die «schöne Prinzessin» zu sein – so lange es geht. Sex und Beziehung sind dann oft reduziert auf Leistung. Sie muss gut sein im Bett, damit er seinen Hormonschub abreagieren kann. Sie muss schön sein, anderen Männern Eindruck machen und Sehnsucht wecken – was den Wert des Besitzes und des Besitzers erhöht. Diese Frauen messen ihren Wert an ihrer Attraktivität, und wenn das Alter seine Vorboten schickt, laufen sie zu Botox und Silikon über, um die Anzeichen aufzuhalten. Der Untergang dieser Frauen ist vorprogrammiert, denn sie sind jederzeit durch eine Jüngere ersetzbar – vollkommen ersetzbar, wie ein neues Modell, ein neues Auto, ein neuer Anzug. Männer, die sich in ihrem Zynismus auf diese armselige Funktion der Frau beschränken, können eigentlich nur darauf hinarbeiten, diese Frauen ohne Schaden wieder loszuwerden, wenn sie aufgebraucht sind, und Frauen, die sich auf diese Art Beziehung einlassen, können nur darauf hinarbeiten, bei der «Kündigung» eine angemessene Entschädigung herauszuholen. Ich hoffe noch immer – auch wenn ich noch oft das Gegenteil sehe –, dass dieses Beziehungsmodell ausläuft. Je älter diese Männer werden, umso mehr müssen sie ihre sinkende körperliche Attraktivität mit der Dicke des Geldbeutels ersetzen, um auf dem Markt der Jüngeren noch mithalten zu können. Mit Großzügigkeit, mit Status, mit Besitz und mit der «Aussicht auf Beteiligung». Nur so können sie das Weiterbestehen dessen aufrechterhalten, was sie als Liebe empfinden. Schade.

> *Da leuchtet plötzlich in den buntesten Farben dieses Bild der Jüngeren, es lockt die Frau der unbewussten Träume, die Hexe der Betörung, Viviane, die den alternden Merlin verzaubert, die Fee der Jugend und der neuen Chance.*

Wieder andere Männer in gut funktionierenden Partnerschaften sind zwar dankbar für das, was sie haben, spüren aber, dass sie dennoch tief im Innern unzufrieden sind. Sie haben das vage Gefühl, es müsse doch noch mehr geben, als was sie bis anhin leben. Sie wissen nur nicht, wie sie aus der Situation, die sie als Falle wahrnehmen, herauskommen sollen. Sie sind einigermaßen gute Ehemänner und Väter, aber irgendwie fühlen sie sich in diesem Zustand nicht wirklich angekommen. Von denen reden wir in diesem Buch. Sie stehen auf der Kippe. Denn da leuchtet plötzlich in den buntesten Farben dieses Bild der Jüngeren, es lockt die Frau der unbewussten Träume, die Hexe der Verzauberung, Viviane, die den alternden Merlin verzaubert, die Fee der Jugend und der neuen Chance. Ist nun die Begegnung mit ihr eine verbotene Abkürzung, ein willkommener Notausgang oder endlich ein Ausgang ins Glück?

Einer, der sich diesen Fragen stellen musste, war Peter. Er suchte mich für ein Coaching auf. Er war mittlerweile 55, hatte eine erfolgreiche Karriere hinter sich, wurde aber bei einer Restrukturierung der Firma auf die Straße gestellt. Damals brach die Welt für ihn zusammen. Peter war zu mir gekommen, weil er einen neuen Job suchte, eine neue Herausforderung, eine glänzende Position, in der er wieder erfolgreich sein konnte. Doch es stellte sich bald heraus, dass all die Absagen, die er bekam, einen ganz tiefen Grund hatten: Peter war mit seinem Lebensentwurf gescheitert, und die möglichen künftigen Arbeitgeber spürten das. Niemand wollte ihn haben.

Peter hatte vor zehn Jahren seine Familie verlassen. Die Kinder waren damals zwölf und vierzehn Jahre alt. Peter war dem Zauber seiner jungen Assistentin erlegen. Er war erfolgreich, Geld spielte keine Rolle. Er wollte die Junge haben. «Sie war so lebenslustig», erzählt er, «so sexy, so reizend, aufreizend, spielerisch, und gleichzeitig war sie meine perfekte Unterstützung.» Sie managte seine Termine, brachte ihn zu Höchstleistungen, förderte seine Karriere, wo immer es ging. Zu Hause hatte Peter eine Frau, bei der das frühere Feuer längst erloschen war. Sie lag ihm in den Ohren mit der Kindererziehung, schürte sein schlechtes Gewissen, weil er sich mehr mit der Firma beschäftigte als mit der Familie, weil er ihr kein Partner war, weil er nichts half im Haushalt, weil er selbst in den Ferien seinen Blackberry nicht loslassen konnte, sondern dauernd seine Mails checkte, dauernd im Geschäft war. «Anita nörgelte ständig an mir herum. Ich verstand das nicht. Schließlich brachte ich all das Geld nach Hause, das sie sich wünschte. Sie hatte einen eigenen BMW, ein schönes Haus, alle Kleider, die sie nur wollte, sie hatte ihre Freiheit!» Peter konnte nicht verstehen, was ihr fehlte.

Die junge Assistentin Anna hingegen bewunderte ihn. Sie zupfte ihm den Krawattenknopf zurecht, bevor er in ein Meeting ging, sie massierte ihm den Nacken, wenn er mal verspannt war und Kopfschmerzen hatte, sie machte mit ihm Überstunden bis spät in die Nacht, sie förderte das, was Peter von sich selber verlangte: Leistung, Leistung, Leistung. Woher dieses Verlangen nach Leistung kam, ist uns mittlerweile vertraut. Sein Vater hatte ihm das eingebläut: Leistung bringt dich vorwärts. Leistung bringt Erfolg. Und nur Erfolg zählt im Leben. Und seine Mutter? «Die war genauso dominant.»

Kein Wunder auch, dass Peter sich von Anna angezogen fühlte. Mit ihr glaubte er die Richtige gefunden zu haben, eine, die ihn unterstützt in seiner Karriere, eine, die ihn weiterbringt. Mit ihr hatte er wieder umwerfend guten Sex. «Ich fühlte mich dank Anna wieder ganz als Mann. Fühlte mich leistungsfähig, dynamisch, durchsetzungsfähig», erzählt er. «Und zehn Jahre jünger!» Bei Männern beginnt der Testosteronspiegel zwischen vierzig und fünfzig zu sinken. Die sexuelle Kraft lässt nach, das Können lässt nach, aber nicht das Wollen. Regelmäßiger guter Sex steigert nun die Testosteronausschüttung beim Mann, und ein hoher Testosteronspiegel hilft ihm, sich gegen die Konkurrenz durchzusetzen. Testosteron, das «Männlichkeitshormon», macht draufgängerisch, risikofreudig, vorwärts drängend. Peter war wieder voll im Leben. Seine Frau setzte er ab, mit genügend Geld. Für die Ausbildung der Kinder war ihm nichts zu teuer.

Nun wäre Peters Welt vielleicht in Ordnung gewesen, wenn sich Anna nicht weiterentwickelt hätte. Aber sie hatte inzwischen die Dreißig überschritten und begann, hie und da einen sehnsüchtigen Blick auf die Babys ihrer Freundinnen zu werfen. «Eines Tages sagte sie, sie wolle ein Kind von mir», erzählt Peter. «Ich fiel aus allen Wolken. Daran hatte ich nun wirklich nicht gedacht. Noch einmal Vater werden?» Anna setzte sich durch: «Ich will ein Kind haben.» Peter sah sich vor die Wahl gestellt, ihr eins zu machen oder sie zu verlieren. Er wählte Anna. Seltsamerweise fiel mit der Geburt des Babys Peters Glück in sich zusammen. «Nun sollte ich wieder mithelfen zu Hause, sollte Windeln wechseln und wieder ganz anders sein, als ich bin.» Anna war zur Mutter geworden und begann, auch ihn zu bemuttern beziehungsweise zum Handeln anzuleiten. «Hilf da, hilf dort.» Und Anna, von der «Tochter» zur «Mutter» geworden, beschwerte sich, dass er sie nicht ernst nahm, dass er sie kleinmachte, dass er sich nicht um die Familie kümmerte. Peter fand sich wieder im selben Hamsterrad, das er schon aus der ersten Beziehung kannte. Die Geliebte war ihm genommen worden. Ein paar Jahre später kam seine Firma ins Schlingern. Es musste Personal abgebaut werden, Peter glaubte sich zuerst auf der sicheren Seite, aber dann wurde ihm ein Jüngerer vorgezogen, Peter musste gehen. Per sofort. Und wie es so oft passiert, wenn die Männer aus ihrem Job ins Leere und in existenzielle Ängste fallen, gerät auch die Beziehung zu Hause ins Wanken. Anna ließ sich scheiden.

Einsichten

- Männern fehlt oft der Vater und damit nicht nur das Vater-, sondern auch ein Männerbild.
- Männer wehren sich gegen die Mutter, manchmal erst in der Person ihrer Ehefrau.
- Bei der Geliebten fühlen sie sich wieder jung und dynamisch – und werden zum Vater.
- Es gilt, positive «Vatereigenschaften» wie Fürsorglichkeit und Verantwortungsbewusstsein wieder zu benennen und zu entwickeln.

Und das sagen die Fachleute:

Männertherapeuten aller psychologischen Schulen erleben in ihrer Arbeit mit Männern das Fehlen des Vaters. Dies ist seit Jahrzehnten das ganz große Thema für viele Männer. Der Psychoanalytiker Horst Petri beklagt drei Gründe für die «vaterlose Gesellschaft»: Die industrielle Revolution hat die Väter in die Fabriken gesperrt, die Weltkriege haben sie millionenfach vernichtet und die 68er-Bewegung hat «große Teile der Väter durch den Krieg der Geschlechter verloren». Der Psychoanalytiker Alexander Mitscherlich ging vor dreißig Jahren noch weiter, er sprach vom «unsichtbaren Vater». Es findet ein «Erlöschen des Vaterbildes» statt, «das im Wesen unserer Zivilisation selbst begründet ist und das die unterweisende Funktion des Vaters betrifft. Das Arbeitsbild des Vaters verschwindet, es wird unbekannt.»

Unsere Väter, so beschrieb es die Psychoanalytikerin Margarete Mitscherlich vor über dreißig Jahren, «erlebt man zu Hause oft als unselbstständig, sowohl materiell wie intellektuell, und gleichzeitig als überkritische Instanz, die zu Unrecht Autorität fordert.» Und wir Söhne haben das natürlich durchschaut – und es hat uns verunsichert. Das Problem besteht darin, dass der Archetyp des Vaters, die Ur-Energie «Vater», in jedem Jungen darauf wartet, aktiviert zu werden. Archetypen sind nach Carl Gustav Jung, der diesen Begriff in die Psychologie einführte, Energiefelder, die den Instinkten ähnlich sind. Der reale Vater, wenn er da ist und eine gute Beziehung zu seinem Sohn hat, «nährt» dieses Kraftfeld in positiver Weise und reichert es an mit guten Erfahrungen.

Nun fehlen diese positiven Seiten der Vaterenergie aber schon seit mehreren Generationen. Wir wissen gar nicht mehr, was ein idealer Vater ist und welche Qualität er in eine Beziehung einbringen würde. Hier besteht ein dringender Nachholbedarf. Ideale Väter lassen ihre Familien, ihre Kinder nicht so leicht im Stich, wie das heute offenbar geschieht. Ideale Väter leben ihren Söhnen vor, wie sie sich gegen eine Erdrückung durch die Mutter wehren können. Ideale Väter zeigen ihren Söhnen, wie Männer mit Frauen umgehen: beschützend, fürsorglich, wertschätzend. Hätten wir Männer wieder ein gut genährtes Vaterbild in uns, würden wir nicht in die Falle tappen und uns von unseren Ehefrauen bemuttern lassen. Wir wären Partner.

Männer, die in ihrem Vaterbild gestärkt sind, brauchen nicht fremdzugehen, um sich gegen die «Mutter zu Hause» zu wehren. Vielleicht bräuchten sie auch keine jüngeren Partnerinnen, um wenigstens bei ihnen so etwas wie «Vater-Qualitäten» zu erleben. Gleichzeitig mit dem Verlust des Vaterbildes droht auch das Bild der partnerschaftlichen Paarbildung schwächer zu werden. Zunehmend wird das

Bild des älteren Mannes mit der jüngeren Frau gesellschaftlich attraktiv: der Vater, der die Tochter heiratet. Eine seltsame Entwicklung.

Was kann man dagegen tun? «Über Väter reden», sagt der Männertherapeut Peter Schröter. «Über die eigenen, aber auch über die Väter der Partnerinnen. Neue Bilder von Vätern entwickeln, denn auch die alten Bilder hatten ihre Fehler.» Aus dem weitläufigen Angebot des Archetypus «Vater» müssen wir wieder diejenigen Aspekte heraussuchen, benennen und pflegen, die unsere Kinder weiterbringen: Fürsorglichkeit, Verantwortungsbewusstsein, Klarheit nach innen, Stärke nach außen.

Wie Frauen und Männer Beziehungen leben und darin älter werden

Von Doris Carmen Meyer

Wir Frauen investieren viel in Beziehungen. Das beginnt bei unseren Freundschaften und dem sozialen Umfeld unserer Familie. Und wenn es um die eigene Ehe geht, sind wir Großinvestoren. Wir tun alles, damit das Familienleben funktioniert und die Ehe lebendig bleibt. Unsere eigenen Träume stehen dabei meist gar nicht zur Debatte, sie werden notfalls so rigoros verdrängt, dass nach ein paar Jahren keine Erinnerung mehr an sie bleibt. Eigene Ambitionen werden hinter das Wohl des Mannes und der Kinder zurückgestellt. Klar, einige von uns machen Karriere, verfolgen eigene Projekte, aber wenn wir abends nach Hause kommen, kümmern wir uns erst mal um die Anderen. Jüngere Frauen sind heute weniger bereit, zugunsten der Familie auf eigene Ziele zu verzichten. Sie fordern vom Partner mehr ein und lehnen die «Opferhaltung» weitgehend ab.

Trotzdem: Manchmal stellen wir Frauen uns so weit zurück, dass wir uns selber verlieren. Und wenn dann die Ehe zerbricht, erwacht die Frau wie aus einem Traum, ist schockiert und verwirrt, im Schmerz verloren. Und während im Schmerz zunächst nur das verlorene Schöne und Gute, das verlorene Glück betrauert wird, kommt nach und nach die

Wut. Und das ist gut so, denn im Gegensatz zur durchaus nötigen und heilsamen Trauer ist Wut eine sehr aktive Energie. Die Flamme der Wut kann uns Frauen helfen, den Verlust zu überwinden und uns auf die eigene Entwicklung zu konzentrieren. Mit der Kraft der Wut können wir unser «seelisches Haus» freifegen, ausräumen, die Fenster aufreißen, die Sonne hereinlassen. Mit dieser reinen Energie Wut können wir das entdecken, was uns in diese Situation hat schlittern lassen. Unser eigenes Verhalten, unseren Anteil an der Geschichte. So wie Regina, die nach dem Ehebruch ihres Mannes realisierte, dass sie sich in eine Rolle hatte drängen lassen, die ihr gar nicht entsprach: «In unserer Ehe hatte ich die Rolle des dienenden Weibchens. Er hätte nie im Haushalt geholfen, mal den Geschirrspüler ein- oder ausgeräumt. Unseren Staubsauger kannte er nur vom Hörensagen und die Waschmaschine blieb für ihn eine absolute Tabuzone. Er hat ganz selbstverständlich verlangt, dass ich dieses alte Rollenbild lebte. Das hab ich auch gemacht, obwohl ich ganz anders aufgewachsen war.»

Wir alle sind einmal Kinder gewesen, und wir alle haben als Kind unser Beziehungsverhalten gelernt: in erster Linie bei Vater und Mutter. Und wir alle tragen diese Muster in uns, wenn wir als Erwachsene unsere Partner wählen.

Regina hatte eigentlich ein anderes Rollenverständnis mit in die Ehe gebracht. «Ich war unter Brüdern aufgewachsen, und es war nie so, dass ich mehr für den Haushalt hätte tun müssen als meine Brüder. Da gab es keinen Unterschied, alle mussten mit anpacken.» Trotzdem fiel sie in ihrer Ehe in die traditionelle Rolle der Hausfrau zurück, wie ihr Mann es von ihr verlangte. Dass er nun ihre Anpassung an seine Wünsche abwertete und verachtete, indem er all das, was sie bei ihm nie sein durfte, bei einer Jüngeren bewunderte, war eine schreckliche Kränkung. Dann aber kam die Wut, und in ihrem Feuer begann sie sich zu wundern, weshalb sie das alles eigentlich mitgemacht hatte. Sie geht heute, nach dem definitiven Aus ihrer Ehe und der vollzogenen Trennung zu einer Therapeutin, um das herauszufinden. «Ich bin inzwischen durchaus offen für eine neue Beziehung, aber ich möchte sicher sein, dass ich nicht noch einmal so ein Spiel mitmache.»

Was für ein «Spiel» ist es, das sie in Zukunft nicht mehr mitmachen will? Wie war die Rollenverteilung? Die Geschichten meiner Gesprächspartnerinnen gleichen sich in gewissen Punkten sehr. Die Frauen, mit denen ich sprach, haben alle viel in die Beziehung investiert. Sie haben ihren Mann im Beruf unterstützt, haben die Kinder großgezogen, Viele haben daneben noch gearbeitet, oft im Betrieb des Mannes, oder sie haben sogar eigene Karrieren gemacht, wie Else. Ihre Schwester erzählt: «Else hat immer alles bewundernswert gemanagt. Sie hat neben den Kindern ihre Karriere verfolgt, er hat zu Hause keinen Finger gerührt. Sie hat schnell Karriere gemacht, schon bald eine hohe leitende Position übernommen. Auch seine Karriere war anfänglich äußerst vielversprechend, er ist dann aber bei seinem engen Arbeitsgebiet hängengeblieben. Er musste an seiner Stelle immer erreichbar sein, und dafür hat er gelebt.» Die beiden waren zwanzig Jahre verheiratet. «Sie hat die Konversation gemacht, sie war für alle da, hat auch unsere ganze Familie zusammengehalten. Sie hat in ihrer Ehe neben ihrer Karriere die Kinder großgezogen, das Backoffice für beide gemacht. Er hat das genossen.»

Else hat in ihrer Ehe das gemacht, was schon ihre Mutter ihr vorgelebt hat. Der Vater war als Kriegsversehrter nach Hause gekommen, die Mutter hielt die Familie beieinander. Sie war die Starke in der Familie. Else hat in ihrer eigenen Ehe diese Rolle dann ganz selbstverständlich übernommen. Wahrscheinlich hat diese Vorstellung unbewusst schon bei der Partnerwahl mitgespielt. Das kleine innere Kind von Else hat möglicherweise aus lauter Liebe zur Mutter gesagt: «Schau, Mama, ich bin genauso stark wie du, ich schaffe das auch.» Und ohne es zu wissen, hat sie einen Mann genommen, der ihr in gewisser Weise unterlegen war, wie Mutters Mann, wie ihr Vater. Wir alle sind einmal Kinder gewesen, und wir alle haben als Kind unser Beziehungsverhalten gelernt: in erster Linie bei Vater und Mutter. Und wir alle tragen diese Muster in uns, wenn wir als Erwachsene unsere Partner wählen. Einige schaffen es, eigene Vorstellungen zu entwickeln, andere übernehmen einfach das, was sie als Kind erlebt haben. Wir nennen dies «das Hamsterrad». Es ist, als würden wir jungen Hamster ins Rad unserer Eltern steigen und es einfach weiterdrehen. Ohne weiter zu kommen. Wenn das Muster der Eltern positiv war, dann mag es auch für uns stimmen. Wenn nicht, kann es sich lohnen, ein eigenes zu entwickeln.

Manchmal scheint es allerdings, dass die Beziehung zwischen unseren Eltern einfach nur harmonisch und gut war. Wir erinnern uns nicht, dass es jemals Streit gegeben oder dass da vielleicht eine tiefe Trauer war in der Beziehung, oder ein Machtgefälle geherrscht hätte. Wir sind der festen

Meinung, Papa und Mama hätten sich wunderbar verstanden und wir Kinder seien im Paradies gewesen. Erst bei genauem Hinschauen melden sich Zweifel. Liegt da vielleicht doch ein Schatten? Es kann sich lohnen, dieser Frage nachzugehen. Als Kind neigen wir dazu, uns eine Traumwelt aufzubauen, und später vergessen wir manchmal, was wirklich war.

Elses Mann hat als Vater viel Leistungssport mit den Kindern betrieben. Der Sport war in seiner Familie schon immer ein großes Thema gewesen. Und dann, plötzlich, begann er sich zu verändern. Im Nachhinein erinnerte sich Else, dass es begann, als er mit fünfzig das erste Mal bei einem sportlichen Wettkampf gegen seinen 18-jährigen Sohn verlor. «Das muss für ihn ein Schock gewesen sein», erzählt ihre Schwester. «Er hat dann plötzlich angefangen, extremen Leistungssport zu treiben, bis zur Auszehrung. Er hat Grenzerfahrungen gesucht, vielleicht aus Angst vor dem Alter?» Er veränderte sich so sehr, dass seine Familie ihn bald nicht mehr wiedererkannte. Und dann, eines Tages, konfrontierte er sie alle plötzlich damit, dass er sich in eine 25-jährige Frau verliebt hatte. Sie arbeitete einige Hierarchiestufen unter ihm im gleichen Betrieb, und er verkündete, er wolle für sie die Familie verlassen. Und das tat er dann auch. «Seine neue Frau hat zu niemandem Kontakt, nicht mal zu seiner Ursprungsfamilie, und auch das gemeinsame Kind bekommt niemand zu Gesicht. Es ist, als würde er seine neue Familie vollkommen vom Rest der Welt abschneiden. Als seine Tochter aus erster Ehe den Kontakt zu diesem Halbbruder suchte, wies ihr Vater sie ab», erzählt Elses Schwester. «Niemand von unserer Familie hat diesen

Jungen je gesehen, dabei wohnen sie immer noch in der gleichen Stadt.» Es ist, als wäre Elses Mann aus dem Hamsterrad ausgestiegen und hätte sie alleine darin zurückgelassen. Bleibt ihr eine andere Wahl, als es weiterzudrehen? Die starke Frau zu bleiben? Vorerst sicher nicht.

Und dann schweigen wir Frauen zu vielem. Wir benennen kaum unsere eigenen Bedürfnisse, wir entwickeln kaum einen eigenen Lebensplan, wir stecken zurück um der Harmonie willen.

Im Hamsterrad des einseitigen Gebens haben unsere Ehefrauen immer auch dafür gesorgt, dass ihre Männer in der Gesellschaft statusgerecht auftreten konnten, dass der Freundeskreis gepflegt wurde und das berufliche Umfeld. Denken wir an Sabine, die die verräterischen Fotos vom Geschäftsausflug ihres Mannes ahnungslos ausdruckt, um ein angemessenes Dankeschön an die Geschäftspartner in Russland schicken zu können. Wir Ehefrauen stellen unsere Energie dem Ehemann zur Verfügung, und er erlebt sie vielfach als seine eigene Energie. Wir tun alles für seinen Erfolg und erleben seinen Erfolg als unseren eigenen, für ihn ist es selbstverständlich nur sein eigener. Ist auch das ein Hamsterrad, das wir von der Mutter übernommen haben?

Und dann schweigen wir Frauen zu vielem. Wir benennen kaum unsere eigenen Bedürfnisse, wir entwickeln kaum einen eigenen Lebensplan, wir stecken zurück um der Harmonie willen. Wir geben und geben, unserem Mann, den gemeinsamen Kindern, unserem gemeinsamen Projekt Ehe bis ins hohe Alter. Dabei bleiben wir selber oft auf der Strecke, ohne es zu merken. In ihrem Buch «Physik der Liebe» ziehen Cheryl Benard und Edith Schlaffer den passenden

Vergleich der thermischen Wärme. Wir Frauen strahlen oft Wärme ab an den Mann, ohne dass von ihm etwas zurückkommt, zurückkommen muss. Diese Wärme strömt aus und geht im Raum verloren, deshalb müssen wir ständig nachheizen. Dass sie die behagliche Wärme nur aufnehmen, ohne etwas zurückzugeben, bemerken die meisten Männer nicht einmal. Genügt es denn nicht, wenn sie ein Gehalt nach Hause bringen, den Urlaub ermöglichen, hier und da mit den Buben Fußball spielen? Vor allem Frauen in klassischen Rollenverteilungen geraten in diese Art energetischen Raubbau. Und gleichzeitig fühlen sich die Männer unter Umständen auch in ihrer Rolle nicht gewürdigt für die Leistung, die sie erbringen. Jede Kritik erleben sie dann als das Nörgeln einer unzufriedenen Mutterfrau.

Anders ist es, wenn zwischen den Partnern Reibungswärme entsteht. Dann sind beide beteiligt, beide setzen sich ein, Neues kann entstehen. Doch setzt das voraus, dass beide Partner diese Reibung zulassen, miteinander reden und sich Unstimmigkeiten und vielleicht gegensätzlichen Bedürfnissen aussetzen. Das ist aber nicht möglich, wenn einer der Partner seine eigenen Bedürfnisse einseitig zurücksetzt. Doch gerade uns Frauen fällt es oft schwer, diese Reibung zu ertragen. «Vielleicht hätte ich ihn mehr fordern müssen», sinniert Alexandra heute. «Vielleicht hätte ich einen Aufstand machen müssen», sagt Regina. Aber zu

«Doch am Schluss dieser ‹Gespräche› realisierte ich immer wieder, dass es Selbstgespräche waren. Er hat mir nicht zugehört, sich überhaupt nicht auf eine Auseinandersetzung eingelassen. So schnell er konnte, hat er sich wortlos wieder an seinen Computer verzogen.»

stark haben wir den Instinkt zu beschützen, zu helfen, zu vermitteln. Und in unserer Sozialisierung wurden wir als Mädchen für solches Verhalten von der Gesellschaft, von den Eltern auch gelobt. Wir haben gelernt, dass Streit schlecht und Harmonie gut ist, und wir haben verinnerlicht, dass Liebe selbstlos ist. Vom Satz: «Liebe dich selbst wie deinen Nächsten» ist uns nur die Nächstenliebe übrig geblieben. Dass wir nur lieben können, wenn wir auch uns selbst lieben, ist in der christlichen Tradition in Vergessenheit geraten. Sich selbst lieben heißt aber auch, sich und den anderen fordern, sich selber entwickeln.

Dabei wüssten wir Frauen das alles sehr wohl. Schauen wir uns den Umgang mit unseren Kindern an. Welche Frau würde von ihren Kindern nicht fordern, dass sie die Hausaufgaben machen, nur um Streit oder Missstimmungen aus dem Weg zu gehen? Wir wissen, dass wir ihnen damit einen Bärendienst erweisen würden. Nur in der Beziehung zu unseren Männern machen wir es anders.

Trotzdem: Auch wenn wir den Partner mit Forderungen konfrontieren, heißt das noch lange nicht, dass er überhaupt bereit und fähig ist, in einen Dialog darüber einzutreten. Andrea hat das versucht. Die knapp fünfzigjährige, dynamische und starke Frau hatte sich jahrelang immer wieder bemüht, mit ihrem Mann an der Beziehung zu arbeiten. «Doch am Schluss dieser ‹Gespräche› realisierte ich immer wieder, dass es Selbstgespräche waren. Er hat mir nicht zugehört, sich überhaupt nicht auf eine Auseinandersetzung eingelassen. So schnell er konnte, hat er sich wortlos wieder an seinen Computer verzogen», erzählt sie, heute noch hilflos frustriert über dieses Verhalten. «Im besten Fall hab ich noch eine Bemerkung bekommen wie: War's das?» Hilflos zuckt sie die Achseln: «Was blieb mir übrig? Er verzog sich immer mehr ins Schneckenhaus, also griff ich nach Jahren dieses einseitigen ‹Dialogs› zu massiveren Mitteln: Ich schmiss ihn aus dem gemeinsamen Schlafzimmer, verweigerte ihm den Sex, der bis dahin noch unsere letzte gemeinsame Kommunikationsform gewesen war. Für mich stimmte es einfach nicht mehr, mit einem Mann intim zu sein, der ansonsten überhaupt nicht auf mich einging.»

Daraufhin wurde ihr Mann dann sehr schnell aktiv: Schon etwa einen Monat später konfrontierte er sie damit, dass er sich im Internet eine Freundin gesucht habe, und etwa zwei Monate später damit, dass er ausziehen werde. «Das war wenige Tage vor Weihnachten, die Kinder und ich waren total geschockt», erinnert sich Andrea. «Er ist einfach abgehauen. Er hat den Kindern nicht mal persönlich gesagt, dass er auszieht und weshalb. Das Einzige war der Auftrag an den Sohn, ihm beim Auszug zu helfen!» Der gemeinsame Freundeskreis war fassungslos. Doch er sagte es klipp und klar: Er wolle nicht an einer Beziehung arbeiten, er wollte Sex. «Dabei hätte er sich endlich seiner Beziehung zu seiner sehr dominanten Mutter stellen müssen», erzählt Andrea. «Er hat mich immer mehr in deren Rolle gedrängt, bis mir der Kragen platzte. Doch statt sich von ihr zu emanzipieren und sich unserer Geschichte zu stellen, hat er mich verlassen. Das war für ihn einfacher.»

Heute schaut Andrea mit Verwunderung auf diesen Mann, mit dem sie über dreißig Jahre verheiratet war, mit dem sie eine Tochter und einen Sohn großgezogen hat. Wer war er, dieser Fremde, der da so plötzlich ging? Wo war der

Mann, den sie zu kennen geglaubt hatte? Und weshalb war sie selber in diese endlose Mühle geraten? Hatte sie es nicht ganz anders gemacht als ihre Mutter? Andreas Mutter hatte es damals vermieden, mit ihrem Mann offen auf Konfrontation zu gehen, sie hat einfach still gelitten, wenn er sie dauernd heruntermachte, um sich selber großartig finden zu können. Andrea hatte sie schon als kleines Kind dafür verachtet, so wollte sie nicht leben. Sie hat es dann anders gemacht als ihre Mutter, sie hat sich aufgelehnt und ihren Mann zur Rechenschaft gezogen. Doch der? Hat sich tot gestellt. Hat es ihr also nichts genützt, aus dem Hamsterrad der Eltern auszusteigen? Ist sie denn ausgestiegen? Oder hat sie einfach das Hamsterrad weitergedreht, indem sie unbewusst einen Mann ausgesucht hat, der, wie ihr Vater, emotional unfähig ist, sich in eine echte Beziehung einzulassen?

Wenn nun der Ehemann eine Jüngere nimmt und damit unsere Liebe und all diese Bemühungen mit einem Schlag entwertet, dann stellt sich für die verlassene Frau die Frage: Wer bin ich eigentlich ohne diese Beziehung? Wer bin ich außerhalb unseres Hamsterrades, in das wir beide zusammen geraten sind? Meist hat die Ehefrau vorher bewusst oder unbewusst stark gekämpft, um die Beziehung zu retten. Nun steht sie vor einem Scherbenhaufen. In diesem Moment ist es ganz wichtig, dass der Schmerz angenommen wird, dass ihm genügend Raum gegeben wird, auch von der Umwelt. Der wohlmeinende Satz einer Freundin «Sei doch froh, dass du den Typ los bist» ist in der Phase des Schmerzes nicht hilfreich, denn die Frau trauert um ihren Mann, als sei er gestorben. «Ich wünschte, er wäre gestorben. Gestorben und begraben», schreibt Françoise Chandernagor in ihrem Buch. «Was die richtige Trauer lindert, ist das Gute, das über den Verstorbenen gesagt wird; was die falsche Trauer so bitter macht, ist das Schlechte, das man über den Verschwundenen erfährt.» Und sie fährt weiter: «Und was soll ich jetzt eigentlich zugeben? Dass ich dumm genug war, im Spiel der Liebe dreißig Jahre auf die Null zu setzen? Dass der Mann meines Lebens den Preis, den ich dafür bezahlt habe, nicht wert gewesen war?»

Else hat damals nur noch geweint, als der Mann ihr eröffnete, er würde Haus und Familie verlassen, um mit der Jüngeren zusammenzuziehen. Sie ist auf 50 Kilo abgemagert. Aber letztendlich hat sie die Geschichte bravourös gemeistert. Ihre Schwester erzählt: «Else hat Trauerarbeit geleistet, sie hat es genommen wie einen Todesfall. Ihr Mann hatte sich so stark verändert, dass sie sich schließlich sagen konnte: ‹Den Mann, den ich geheiratet habe, den gibt es gar nicht mehr.›» Auch Sabine sagt heute, dass der Mann, dem sie gelegentlich begegnet, um etwas wegen der Kinder oder wegen der Finanzen zu besprechen, nicht mehr viel gemein hat mit dem Mann, den sie damals geheiratet hat. Ähnliches erzählen die meisten meiner Gesprächspartnerinnen. Ungläubig konstatieren sie diese Fremdheit nach so vielen Jahren Ehe. Was geschieht mit diesen Männern? Was holt sie ein? Zu wem werden sie?

Else machte eine intensive Trauerphase von zwei Jahren durch. «In dieser Zeit hat sie aber trotz allem für die Kinder Stabilität gesichert, hat viele Gespräche mit ihrer ebenfalls stark verletzten Tochter geführt. Sie hat sogar den Kontakt zu ihren Ex-Schwiegereltern gehalten, als wenn er wirklich gestorben wäre», erzählt ihre Schwester staunend.

Die verlassenen Frauen machen meist eine sehr lange Phase des Schmerzes und der Trauer durch, bis sie sich erholen. Wie die Trennung verarbeitet wird, hängt stark davon ab, ob die Frau schon zuvor ein eigenes Leben, eine eigene Karriere verfolgt hat. Und auch die Art der Trennung und die Dauer des Scheidungskampfes beeinflussen den Umgang mit dem Trennungsereignis. Erst nach der Trauerphase ist für die Frauen manchmal die Einsicht möglich, dass es sie als eigenständige Person überhaupt gibt, dass sie als Frauen auch allein existieren können und dass sie vielleicht sogar etwas zum Lauf der Ereignisse beigetragen haben. Doch dann ist es erstaunlich, was Frauen aus ihrer Zukunft machen. Sie erkennen dann häufig, dass sie sich permanent fremd identifiziert haben. Dass sie nicht sich selber gelebt, sondern sich immer auf die Beziehung, auf den Mann oder die Kinder konzentriert und all ihre Energie und ihr Können in die andern investiert haben – selbst, wenn sie eigene Karrieren gemacht haben. Diese Leistung ist ohne Anerkennung geblieben. Weder vom Mann noch von der Gesellschaft wird sie honoriert. Und das, obwohl die Gesellschaft diesen Einsatz unterschwellig von der Frau erwartet und sogar strafend reagiert, wenn er nicht stattfindet.

Die langjährigen Partnerinnen haben an ihrem Mann auch die Zeichen des Älterwerdens akzeptiert, sie haben mit liebevollem Blick gesehen, dass seine Haare grau werden, dass er breiter wird, vergesslich, an Kraft verliert und neuerdings eine Lesebrille braucht. Sie können problemlos akzeptieren, wenn er sexuell nicht mehr so draufgängerisch ist wie mit zwanzig, sie haben das nicht auf sich bezogen und als Kränkung verstanden.

Wer hat noch nie Bemerkungen gehört wie: «Dass seine Frau den so unter die Leute lässt! Unrasiert, ungepflegt!» Diese Art Bemerkungen gibt es nur über Frauen in Bezug auf ihre Ehemänner oder allenfalls ihre Kinder. Kein Mensch würde sagen: «Was fällt dem Mann ein, seine Frau so schlampig auf die Straße zu lassen.» Unbewusst sind die Aufgaben also immer noch traditionell verteilt und werden auch von berufstätigen Frauen immer noch weitgehend erfüllt, selbst dann noch, wenn die Männer wegen einer jüngeren Frau ihr altes Leben fallen lassen wie eine heiße Kartoffel. Wie bei Thomas und Irmgard. Sie konnte und wollte nicht einfach die Verantwortung fallen lassen, da waren Verpflichtungen gegenüber den Angestellten, Kunden, Lieferanten. «Was wäre denn sonst aus dem Geschäft geworden?», fragte Irmgard. Sogar als «Angestellte» ihres Ex-Mannes wischte sie ihm die Krümel aus dem Mundwinkel, bevor er zur Kundschaft ging. Sie funktionierte, selbst als ihre älteste Tochter gestorben war und ihr Mann sie auch damit alleine ließ. Wir Frauen funktionieren bis zur bitteren Neige. Damit es den anderen gut geht?

Welche persönlichen Träume haben wir vergessen für den Traum von der Ehe, von der Gemeinschaft bis ins hohe Alter? Die Frauen, mit denen ich gesprochen habe, haben sich in der Ehe eingerichtet, sie haben sich auf den Alltag konzentriert und auf den Wunsch, es «miteinander schön zu haben». Sie haben an ihrem Mann auch die Zeichen des Älterwerdens akzeptiert, sie haben mit liebevollem Blick gesehen, dass er graue Haare bekommt, breiter wird, vergesslich, an Kraft verliert und neuerdings eine Lesebrille braucht. Sie können problemlos akzeptieren, wenn er sexuell nicht mehr so draufgängerisch ist wie mit zwanzig, sie haben das nicht auf sich bezogen. Und nun plötzlich bezieht er all das auf sie. Er wirft ihr im Grunde vor, sie mache ihn alt. Bei der neuen jüngeren Frau, dort geht die Post ab, dort ist er wieder ein toller Hecht und fühlt sich lebendig. Die gewachsene, beständige Liebe hat plötzlich keinen Wert mehr, ja sie wird sogar gegen die Ehefrau ins Feld geführt.

Weshalb machen wir Frauen keinen Aufstand, wenn aus dem jungen Mann, den wir mal geheiratet haben, ein älterer Herr wird? Auch dann nicht, wenn sein Trieb nachlässt, während unser Körper so um die vierzig erst richtig auf Touren kommt? Weshalb brechen nicht wir Frauen sexuell aus und suchen uns zusätzliche Männchen, um das zu kompensieren? Vermutlich, weil wir Frauen unsere Beziehung nicht über die Häufigkeit und die Qualität von Sex definieren. Sabine erinnert sich: «Ich fand, es lief gut bei uns im Bett. Allerdings hatte er so zugenommen, dass ich ihn sexuell schon nicht mehr so attraktiv fand.» Trotzdem war sie mit ihrem Sexualleben eigentlich zufrieden. Es gab für sie keinen Grund, die Beziehung in Frage zu stellen. Doch die Männer tun das, sie geben sehr oft sexuelle Unzufriedenheit als Grund für ihren Ausbruch mit der Jüngeren an. Doch keine der interviewten Frauen glaubt, dass es vor allem darum ging. Sie vermuten, dass es bei ihren Männern gar nicht um Sex ging, als sie sich eine Jüngere nahmen. Um was dann? Um Angst vor dem Alter? Das ist zumindest die These der meisten meiner Gesprächspartnerinnen. Es geht um die Unfähigkeit, der Endlichkeit des Lebens ins Auge zu schauen. So wie bei Elses Mann, der es nicht verkraftete, von seinem Sohn sportlich überflügelt zu werden. Auch Sabine erinnert sich: «Mein Mann nahm Golfstunden, und eines Tages begleitete ihn unser damals 13-jähriger Sohn. Völlig frustriert kam mein Mann nach Hause. Er habe dreißig Golfstunden gehabt, und der Kleine sei jetzt schon besser als er. Daraufhin hat er mit dem Golfen aufgehört. Das war etwas mehr als ein Jahr vor dem Bruch.» Auch beim Badminton sei es immer nur ums Siegen gegangen, und ihr Mann habe es einfach nicht ertragen zu verlieren. «Dabei hatte er mir immer erzählt, dass sein Vater nie mehr mit ihm Schach gespielt hat, nachdem er von seinem Sohn besiegt worden war!» Sabine kann nicht verstehen, dass einfache Spiele zu einem so absolut humorlosen Wettkampf ausarten können. «Wenn ich mit den Kindern gespielt habe, ging es immer darum Spaß zu haben. Es war doch völlig nebensächlich, wer dabei gewann!» Aber während des Erzählens fällt ihr auf, dass sich diese Konkurrenz bei ihrem Mann erst mit dem Größerwerden der Kinder entwickelte. «Er war ein sehr hingebungsvoller Vater, hat viel mit den Kindern gespielt und unternommen. Doch als die Kinder begannen, sich eine eigene Meinung zu bilden, da zog er sich immer mehr von ihnen zurück, er wurde hart. Die Kinder sind dann halt zu mir gekommen, wenn sie zum Beispiel mal schlechte Noten hatten. Und ich habe dann mit ihm darüber gesprochen. Doch mit der Zeit habe ich auch das nicht mehr getan, weil er den Kindern gegenüber immer intoleranter und härter wurde. Er wurde immer mehr wie sein Vater, vor dem die ganze Familie Angst hatte.»

Auch Alexandra erinnert sich an den Krach, den es immer wieder gab, wenn ihr Mann mit ihren Zwillingssöhnen Tennis spielte. «Das habe ich schon gemerkt, bevor die Jüngere auftauchte. Wenn einer unserer Söhne mit meinem Mann Tennis spielte, war das einfach nur schrecklich. Keiner konnte verlieren. Sehr pubertär war das Ganze, auch was meinen Mann anging. Nach einem verlorenen Spiel war er total gefrustet und ernsthaft verstimmt.»

> *«Mir fiel auf, dass er ungehalten war, ärgerlich wurde, wenn es mir schlecht ging. Spätestens nach zwei Tagen wurde er selber krank und musste umsorgt werden.»*

Bei der Frage des Älterwerdens treffen Mann und Frau frontal aufeinander. Sie richtet sich mit liebevollem Blick gerade aufs Alter in der Beziehung ein, während er bei dieser Aussicht panisch reagiert. Weshalb haben wir Frauen in festen Beziehungen nicht diese existenziellen Ängste, wenn wir ans Alter denken? Wir müssten doch eigentlich viel stärker darunter leiden, angesichts des akuten Jugendwahns unserer Gesellschaft, in der Frauen dauernd unter Druck gesetzt sind, jugendlich faltenfrei und fit zu bleiben. Gut, in einer gehobenen Gesellschaftsschicht arbeiten die Ehefrauen seit Jahrzehnten oft hart daran, diesem Bild möglichst lange zu entsprechen. Botox und Silikon haben dann plötzlich Hochkonjunktur, es wird Fitness getrieben wie bei Madonna. Aber das hilft alles nichts, denn für den Mann ist sie irgendwann ja doch die «Alte», nicht zu vergleichen mit einer jüngeren Frau, die ihn hingebungsvoll bewundert.

Haben also Männer in dieser Phase ein Problem mit dem Älterwerden? Mit dem Bewusstsein, dass der Tod absehbar wird? Oder kommt noch etwas anderes hinzu? Isabelle hat eine interessante Beobachtung gemacht. Jedes Mal, wenn sie krank wurde, reagierte ihr Mann sehr seltsam darauf. «Mir fiel auf, dass er ungehalten war, ärgerlich wurde, wenn es mir schlecht ging. Spätestens nach zwei Tagen wurde er selber krank und musste umsorgt werden.»

Andere Frauen haben ganz ähnliche Erfahrungen gemacht. Könnte es sein, dass Männer Angst bekommen, wenn wir Frauen älter werden, weil sie fürchten, dass wir wegsterben? Dass «Mutter» wegstirbt und sie unversorgt, ungeliebt, unverwöhnt zurückbleiben könnten? Wollen sie «auf Nummer sicher» gehen, indem sie eine Jüngere, gesündere Partnerin nehmen? Oder halten sie es einfach nicht aus, in uns Frauen den Alterungsprozess zu sehen, der bei ihnen selbst ja auch abläuft und den sie so gerne leugnen möchten?

Einsichten

- Wenn wir nicht aufpassen, wiederholen wir einfach das Beziehungsmuster unserer Eltern.
- Es geht nicht um Sex, wenn ältere Männer eine Jüngere nehmen, es geht ums Älterwerden.
- Am Älterwerden der Partnerin erschreckt ihn die eigene Endlichkeit.

Und das sagen die Fachleute:

Wenn Frauen eine Ehe eingehen und eine Familie gründen, dann haben sie tendenziell eher den gesamten Lebensplan im Kopf als Männer. Zwar glauben Psychotherapeuten, dass die Vorstellung, Ehen würden in guten wie in schlechten Tagen halten, nicht mehr unumstößlich gilt. Man lässt sich vorsichtigerweise nur mehr auf den kommenden Lebensabschnitt ein und nennt den Partner immer öfter: mein «Lebensabschnittspartner», vor allem bei Zweitbeziehungen. «Meist sind die Paare aber traurig darüber, dass diese Vorstellung an Kraft verliert», sagt die Psychologin Syl Edelmann-Hollenstein. Auch die Rituale, die wichtigen Entscheidungen folgen, werden immer öfter vernachlässigt: der Heiratsantrag, die Hochzeit. «Früher war die Ehe ein gemeinsames wirtschaftliches Unternehmen, das das Überleben der Familie sichern sollte», sagt Edelmann-Hollenstein. «Heute ist sie mehr ein emotionales Unternehmen. Der Anspruch an die Partner ist viel höher, da es außerhalb der Ehe weniger Netzwerke gibt, die sonst halten: die großen Familienbande, die schützen, stützen und kontrollieren gibt es nicht mehr, und der Überlebensdruck ist weg. Auch ohne Ehe können die beiden Partner und ihre Kinder überleben.»

Bei der Suche nach einem Partner spielen aber die alten

Suchmuster aus der Herkunftsfamilie unbewusst noch immer eine große Rolle, auch die «romantischen» Vorstellungen der Liebe, «bis dass der Tod euch scheidet». Unser Lebenskonzept enthält auch heute noch, bewusst oder unbewusst, die glückliche Ehe bis zum Ende.

Es gibt vier auf Solidarität gründende Verbindlichkeiten, auf denen Partnerschaften gründen: die ökonomische, die emotionale, die erotische und die Vorstellung des gemeinsamen Lebensweges. Die Psychologin Syl Edelmann-Hollenstein hält fest: «Kinder haben ist ein langes Projekt, das rund zwei Jahrzehnte dauert. Diese Beziehung ist nicht kündbar. Die Paarbeziehung dagegen steht auf einem anderen Blatt. Doch oft werden diese beiden Ebenen von den Paaren vermischt.» Paartherapeuten intervenieren meist zuerst auf dieser Ebenenvermischung. Sie trennen die Ebenen und ordnen sie in zwei Gefäße, in das Gefäß der Paarbeziehung und dasjenige der Elternschaft. Das trägt oft schon viel zur Klärung bei.

Wenn die Beziehung nun in die Jahre kommt, setzen sich Frauen eher mit dem kommenden Alter auseinander als Männer. Frauen werden durch die Gesellschaft seit jeher deutlicher mit der Frage des Alterns konfrontiert: Sie achten auf die ersten Fältchen, die ersten grauen Strähnen und vielleicht auch die ersten Anzeichen von Altersgebrechen. Die Psychotherapeutin Doris Wolf unterscheidet dabei drei Phasen: zuerst die Verleugnung, dann negative Gefühle und schließlich das neue Gleichgewicht. In der ersten Phase, in der Frauen das Altern verleugnen, kleiden sie sich bewusst jugendlich, schminken sich auffällig, erproben jedes neue Beauty-Produkt, immer in der Hoffnung, ihr Altern aufhalten oder hinauszögern zu können. «Sie lassen sich liften, spritzen Botox oder Frischzellen», schreibt Wolf. «Sie suchen sich sexuelle Abenteuer, um sich zu bestätigen. In dieser Phase möchten sie nicht übers Älterwerden reden und sind sehr empfindlich, wenn man sie auf ihr jugendliches Auftreten anspricht.»

In der Phase der negativen Gefühle hadern Frauen eine Zeit lang mit dem Schicksal und beneiden die Jüngeren. «Sie hassen ihren Körper und ihre Falten», schreibt Wolf. «Manche vernachlässigen sogar körperliche Pflege. Sie flüchten sich in die Rolle der ‹älteren› Frau, deren Leben vorbei ist, und sie bedauern sich. Es tauchen Ängste auf vor der Zukunft und vor dem Tod. Selbstzweifel und Selbstvorwürfe kommen auf, man verurteilt sich dafür, dass man bisher so achtlos gelebt und die Zeit vergeudet hat.»

In der dritten Phase beginnen sie zu ihrem Alter zu stehen. Sie sehen es nicht mehr als Grund zur Selbstabwertung an. «Sie haben eine Einstellung zu sich selbst entwickelt», so Wolf, «die sowohl das mit einbezieht, was sie in der Vergangenheit geleistet und erlebt haben, als auch das, was sie sich für die Zukunft noch vornehmen wollen. Sie lenken ihren Blick auf das, was das Alter an Positivem mit sich bringt, wie etwa Gelassenheit, Erfahrung und Souveränität. Dieses Gleichgewicht ist allerdings nicht von selbst von Dauer. Es muss immer wieder erarbeitet werden.»

Männer gehen möglicherweise durch ähnliche Phasen, so genau hat das bis jetzt noch niemand untersucht. «Auch bei Männern geht es um existenzielle Veränderungen», sagt der Psychologe Rafael Kamp. «Sie fürchten zu Recht, dass sie im Alter ihren inneren Rollenbildern nicht mehr entsprechen können. Sie verlieren an Kraft, Konzentration und

Kontrolle. Sie fürchten sich vor der auf sie zukommenden Unbeweglichkeit, Abhängigkeit und vor dem Verlust der Autonomie. Aber im Gegensatz zu den Frauen mit ihrer Menopause machen sie nicht diese unabänderliche körperliche Veränderung durch, die sie in neue Rollenbilder drängt. Männer sind bis ins hohe Alter zeugungsfähig, und dieses Wissen ermöglicht ihnen die Fantasie, ungebrochen jung und draufgängerisch zu bleiben.»

«Viele Frauen», sagt die Psychologin Maria Kapossy, die sich oft mit Kamp austauscht, «bemerken schon, dass der Mann älter wird. Aber sie getrauen sich nicht, es auf den Tisch zu bringen und zu fordern, dass er sich ein wenig um den Bauch kümmern solle.» Männer, so glaubt sie, halten innerlich an ihrem Bild des Jungseins fest und wehren sich, wenn daran gerüttelt wird. «Ich staune immer wieder, wie wenig Männer sich für eine Vasektomie, eine Unterbindung entscheiden. Auch wenn sie keine Kinder mehr haben möchten, die Fähigkeit, welche zu zeugen, wollen sie nicht aufgeben.»

Wenn nun in einer Beziehung die Partnerin sichtlich und unaufhaltsam älter wird und sich die Frau mit dem Älterwerden auseinandersetzt, dann fühlen sich Männer an ihr eigenes Altern erinnert. Manche reagieren darauf mit Panik. «Älterwerden ist für Männer keine romantische Vorstellung», sagt Kamp. «Der Schritt zur Jüngeren gibt ihnen die Möglichkeit, diese Mahnung noch einmal von sich wegzuschieben. Mit einer Jüngeren fühlen sie sich wieder jung.» Und Kapossy doppelt nach: «Mit der Jüngeren glauben sie, dem Tod noch einmal von der Schippe zu springen. Sie glauben, sie könnten damit das Rad zwanzig Jahre zurückdrehen, indem sie noch einmal von vorne anfangen.»

Das Gefälle, die Jüngere, die «Tochter». Und die Verlockung

Von Doris Carmen Meyer und Charles Meyer

Warum hat er eine Jüngere genommen? Warum nicht einfach eine Andere? Vielleicht geht es Männern nicht nur darum, eine Jüngere zu nehmen, weil sie knackiger ist, frischer, lebenslustiger, unabhängiger, schöner. Es scheint, als ginge es auch nicht in erster Linie um Sex. Es sieht so aus, als ginge es eher um einen «Gegenentwurf» zum Bisherigen. Und als solle dieser Gegenentwurf zurückführen in eine Zeit, als er noch jung war, noch keine Kinder hatte, die ihn eines Tages entthronen werden und zum «Alten» machen, zurück in eine Zeit, als das Leben noch vor einem lag. In eine Zeit auch, als seine erste Frau noch «die Jüngere» war, vielleicht nur ein paar Jahre jünger, aber doch Weibchen genug, um zu ihm aufzuschauen, ihn zu bewundern, ihn zu verzaubern. Es scheint, als sollte die Neue das verlorene Paradies wiederbringen.

Elses Mann hat eine 25 Jahre jüngere Frau genommen. Die Neue arbeitete im Vertrieb der Firma, in der er Direktor war. Ist er aus der Ehe mit einer gleich starken Partnerin ausgebrochen, um die Machtverhältnisse zu seinen Gunsten zu verändern? Sophies Mann hat eine 15 Jahre Jüngere genommen. Sie kam aus Bulgarien, hat sich per Inserat einen Handwerker in Deutschland angelacht, hat ihn geheiratet und sucht nun einen weiteren sozialen Aufstieg bei dem Mann, der damals noch Sophies Ehemann war. Unser gut verdienender «Dauerwechsler» Thomas wurde am Ende von seiner 31 Jahre jüngeren Olga verführt, einer Studentin aus Osteuropa. Sie wollte von ihm drei Kinder haben – und dann keinen Sex mehr. Martin, der Unternehmer, verliebte sich auf einer Geschäftsreise nach Russland in diese junge, schöne Übersetzerin. Heute macht sie Karriere in seinem Unternehmen. Rolf hat sich in seine Assistentin verliebt und mit ihr nochmals Kinder gezeugt. Célines Mann hat sich in eine dreißig Jahre jüngere Vietnamesin verliebt, eine Angestellte in dem Unternehmen, dem er als Vizedirektor vorstand.

In diesen neuen Beziehungen herrscht ein Gefälle, das sich nicht nur aufs Alter bezieht. Es ist in den meisten unserer Geschichten zu finden: Er ist wohlhabend, erfahren, mächtig und stark, sie ist unerfahren, ohne Geld, ohne Einfluss, dafür jung und hübsch. Und das Gefälle wird von den jungen Frauen offenbar noch verstärkt und genossen. «Mein Mann hat mir erzählt, sie nenne ihn ‹ihren König›», erzählt Sophie und staunt, wie gierig und fraglos ihr Mann das aufgesogen hat. Die Romanautorin Françoise Chandernagor lässt den Mann ihrer Protagonistin seiner Frau begeistert erzählen: «Sie bewundert mich! Sie hat mir gegenüber eine Haltung wie … ja, wie eine Betende.» Und später findet sie Briefe der jungen Rivalin, in denen sie den Mann mit Worten umgarnt wie: «Mein Prächtiger, mein tapferer Ritter, mein erhabener Messias, wenn ich dich sehe, blendest du mich», «Du bist die Sonne selbst», «Ich werfe mich vor deine göttlichen Füße» bis hin zu «Dein kleines Mädchen, das dich vergöttert». Später entdeckt die verlassene Ehefrau all diese Lobpreisungen der jungen Frau in einer Biografie Victor Hugos wieder: Da fanden sich Auszüge aus Liebesbriefen einer jungen Frau an den älteren Dichter mit demselben Wortlaut. Abgeschrieben? Auch Sophie ist noch heute verwirrt: «Sind Männer im mittleren Alter wirklich von so einfachem Gemüt, dass sie für solche Lobpreisungen alles fahren lassen? Schaltet bei denen denn das Gehirn aus? Ist die Verlockung der kleinen Tochter, die ihre Vaterfigur vergöttert, so mächtig?» Gerhard Amendt, Professor am Institut für Geschlechter- und Generationenforschung an der Universität Bremen, macht sich Gedanken über dieses Muster. «Wenn die wechselseitige Vorliebe alter Männer und junger Frauen um sich greifen sollte, so wird nicht nur die tradierte Altersdifferenz zwischen Eheleuten, sondern zwischen der Generation der Eltern und ihrer Kinder geschliffen. Das Inzesttabu würde einer beschleunigten Erosion ausgesetzt.» Und tatsächlich entsteht bei der Sichtung unserer Fälle der Verdacht, dass genau diese Vater-Tochter-Konstellation einen großen Teil des Reizes ausmacht.

Die Art von Bewunderung, die der älter werdende Mann sich wünscht, so von unten herauf, die kann eine langjährige Partnerin tatsächlich nicht mehr aufbringen. Gestandene Ehefrauen kennen ihre Männer, sie kennen sie mit all ihren Stärken und Schwächen. Diese Frauen sind ihren Männern ebenbürtig.

Natürlich drängt sich den Ehefrauen der Verdacht auf, die Bewunderung der Jüngeren sei ohnehin nur eine Masche. Es gehe der Jungen nur darum, möglichst einfach einen sozialen Aufstieg zu erreichen. Mag sein. Aber es gab auch andere Motive bei unseren Gesprächspartnerinnen, wirkliche Bewunderung für den erfahrenen Mann mit Status, der ihnen eine neue Welt erschloss. Doch diese Art von Bewunderung, so von unten herauf, die kann eine langjährige Partnerin tatsächlich nicht mehr aufbringen. Gestandene Ehefrauen kennen ihre Männer, sie kennen sie mit all ihren Schwächen, sie sind ihnen ebenbürtig, manchmal überlegen – und lieben sie trotzdem. Die Vorstellung aber, dass diese Männer, die sie so gut kennen, sich von so einem billigen Geschwätz einwickeln lassen, dass sie schmelzen wie Schnee an der Sonne – das lässt sie völlig perplex zurück. Da heißt es immer, Frauen seien emotional und Männer die viel rationaleren Geschöpfe. Und diese Männer im mittleren Alter, die oft wichtige Positionen im Geschäftsleben bekleiden, entscheidungsstark und erfahren sind, erliegen plötzlich solch kindlichen Lobeshymnen. Werner, ein weiterer Gesprächspartner, war als Banker mit vielen Boni zum großen Geld gekommen. Seine fordernde Frau zu Hause wurde ihm zunehmend lästig, die Verpflichtungen gegenüber den Kindern empfand er als Fesseln. Werner wollte ein neues Leben anfangen. Er verliebte sich in eine ukrainische Germanistik-Studentin. 25 Jahre jünger. «Ich lag da nackt im Bett», erzählt er, «rauchte eine Zigarette, und meine junge Freundin streichelte meine Brust und nannte mich verliebt ‹mein schöner Adonis!›. Mann, ich bin über fünfzig, meine Brustmuskulatur ist weich geworden, mein Bauch erinnert sich nur noch vage an das frühere Sixpack, die Haut unter den Achseln wirft Falten, die Oberarmmuskeln hängen schlaff herunter, und sie nennt mich Adonis! Ich hab dann ihr Kinn angehoben und wollte ihr in die Augen schauen, um zu sehen, ob sie einen Scherz macht, aber sie war wie verklärt, sie meinte es ernst! Da hab ich mich gefragt, ob wir beide wohl im selben Film sind.» Und nach ein paar Sekunden des Nachdenkens fügt er hinzu: «Aber genossen hab ich es schon. Ich hab mich gefühlt wie Adonis.»

Was packt da zwei völlig ungleiche Menschen, dass sie sich so blind verlieben? Was packt den Mann? Und was packt die Frau?

Karin war eine 18-jährige Gymnasiastin, als sie sich mit dem 27 Jahre älteren Rektor ihrer Schule in eine Liebesgeschichte stürzte. «Er hatte mich zu sich ins Lehrerzimmer gerufen. Dort hat er angedeutet, wie sehr ich ihm gefalle, und am Ende ist er ziemlich deutlich geworden: Er würde gerne mit mir zusammen sein. Ich hab ihm klar gesagt, das komme für mich nicht in Frage, ich hätte da meine Prinzipien.» Die Prinzipien der 18-Jährigen hielten aber nicht lange vor. «Er hat dann immer wieder versucht, mich zu erobern. Das hat mir schon sehr geschmeichelt. Als das Abitur näher rückte, in der intensiven Lernphase, entstand dann auch bei mir ein Feuer. Vermutlich hatte seine wiederkehrende Anmache das ausgelöst, es hat mir wirklich sehr geschmeichelt, dass dieser wichtige, gut aussehende Mann mit einer solchen Konstanz um mich warb. Er ließ nicht locker, zeigte mir einfach immer wieder, dass er mich noch immer toll fand. Und das, ohne zu fordern. Ich hab dann einen Brief an ihn geschrieben, dass auch ich mehr als bloße Sympathie für ihn empfände.»

> *«Ich lag nackt im Bett, rauchte eine Zigarette, und meine junge Freundin streichelte meine Brust und nannte mich verliebt ‹mein schöner Adonis!›. Mann, ich bin über fünfzig!»*

Der Mann lud das willige Mädchen zu sich nach Hause ein, und die Geschichte nahm ihren Lauf.

«Bei Achim, dem Rektor, fand ich eine heile Welt», erzählt Karin, und bekommt noch heute, dreißig Jahre später, leuchtende Augen. «Er hat mich verwöhnt, hat mir die Welt der Kultur und Musik gezeigt, die ich ohnehin schon liebte. Da gab's Wiener Staatsoper, immer erste Logen, wunderschöne Abendkleider, küss' die Hand, gnädige Frau, einfach das volle, überwältigende Programm für eine 18-jährige junge Frau. Dank ihm habe ich Nurejew tanzen sehen! Er hat mich verwöhnt, wie ich nie mehr in meinem Leben verwöhnt worden bin. Das ging ein Jahr lang so.» Dann schweigt sie eine Weile, denkt offenbar über das Ende jenes Jahres nach, aber dann beginnen die Augen erneut zu strahlen. «Er war sehr attraktiv, sehr sensibel, vielleicht auch weil er Musiker war, sehr liebevoll und zärtlich. Er hatte ein starkes Gespür für Menschen. Und auch im Bett war es toll mit ihm. Ich hatte schon vorher drei Jahre lang einen Freund gehabt, der war halt noch sehr unerfahren. Achim dagegen konnte mir zeigen, wie es geht, das war sehr erfüllend, schön, spannend. Und er gab mir das Gefühl der Geborgenheit. Er war durch seine Erfahrung und sein Alter viel mehr in der Ruhe. Ich konnte bei ihm Neues lernen, konnte im Gefühl totaler Sicherheit alles ausprobieren.»

Suchen junge Frauen bei älteren Männern also «die große Welt»? Das Verwöhnt- und Auf-Händen-getragen-Werden? Den Schutzraum der Sicherheit, den ältere Männer ausstrahlen? Und genießen es Männer, diese Sicherheit zu geben? Werden sie dadurch erst das, was die jungen Frauen in ihnen sehen? Endlich fühlen sie sich sicher – was sie bei ihrer früheren Frau nicht mehr einfach so erleben. Macht es Männer stolz, wenn sie ihre jungen Frauen wie eine Tochter in die Welt der «Erwachsenen» einführen können, in die Gala-Vorstellung, ins teure Restaurant? «Ich werde dieses Gefühl nie mehr vergessen», erzählte uns Werner. «Ich wollte die Kleine in ein Nobel-Hotel ausführen. Sie kam gerade von der Uni, trug Jeans und einen weiten Pullover über ihrem festen Busen. Ich fuhr dann zuerst mit ihr in eine teure Boutique und ließ sie auswählen, ein eng anliegendes Kleid, hochhackige Schuhe, heiße Strümpfe. Und jedes Mal, wenn ich ihr ein Kleid zum Anprobieren in die Garderobe brachte, fiel sie mir um den Hals, küsste mich, drückte meinen Kopf an ihren Busen. Es war wunderbar, nachher mit dieser schönen Frau am Arm durch die Stadt zu gehen.»

Bei der Jüngeren werden Männer an den Mythos von Pygmalion erinnert. Pygmalion, so erzählt der Dichter Ovid die Geschichte aus dem alten Griechenland, war ein Bildhauer, der von den Frauen sehr enttäuscht war. So schuf er eine Statue, der er in der Fantasie all jene Eigenschaften zudachte, die er bei den Frauen sonst vermisste. Er begann, mit ihr zu reden, sie zu streicheln, ja er schuf sie zweimal, nicht nur mit Hammer und Meißel, sondern auch mit seinen Ideen, wie die Traumfrau sein sollte. Dann ging er in den Tempel der Aphrodite und bat die Göttin der Liebe, ihm eine Frau zu schenken, die all diese Eigenschaften besaß. Als er nach Hause kam, war seine Statue zum Leben erwacht. Er nannte sie Galathea. Leben also Männer, die eine Jüngere nehmen, den Mythos von Pygmalion und Galathea? Haben sie endlich die Traumfrau gefunden? «In den neuen Kleidern», erzählt Werner, «sah sie genau so aus, wie ich mir eine Frau immer gewünscht hatte. Sehr sexy. Und sie fühlte sich wohl darin, sie wusste, ich war hingerissen.»

Haben also Werner und unser Rektor Achim, der die 18-jährige Karin in sein Bett lockte, eine Galathea gesucht, die sie nach ihren Wünschen formen können? «Etwa ein Jahr lang war es traumhaft», erinnert sich Karin weiter. «Ich zog nach Wien, um zu studieren, Achim hat mir die Wohnung bezahlt. Er war schon zum zweiten Mal verheiratet und hatte Kinder aus der ersten Ehe. Aber das kümmerte mich nicht sonderlich. Er hat mich viel besucht, und ich bin oft zu ihm gefahren. Ich tat alles für ihn, was immer er sich wünschte. Aber dann wurde es plötzlich seltsam. Er hatte nicht mehr so viel Zeit. Wir sahen uns ein paar Wochen nicht, und als ich ihn dann wieder einmal besuchte, fiel mir auf, dass unsere Dose mit den Kondomen, die beim letzten Mal noch voll gewesen war, plötzlich halb leer war. Ich stellte ihn zur Rede. Er leugnete alles. Später im Auto machte er mir Vorwürfe, ich hätte kein Vertrauen zu ihm, ich sei schuld, dass er die Beziehung deswegen abbrechen müsse. Ich hätte mich aus dem fahrenden Auto werfen können. Ich erfuhr dann, dass er mit einer anderen Schülerin liiert war, die zwei Jahre unter mir war. Besonders gestört hat mich, dass er es mit so einer Schlange trieb, die ihn öffentlich ausnahm.» Hat sich Pygmalion, der von den Frauen Enttäuschte, noch eine neue Galathea geholt?

Und was hat die erste Galathea dabei empfunden? Hat Pygmalion je danach gefragt? Der Mythos von Pygmalion wurde von vielen Männern nacherzählt. Die Geschichte ist ja auch verlockend. George Bernhard Shaw hat darüber ein Theaterstück verfasst, das später als Musical «My fair Lady» die Welt eroberte. Darin holt sich der Sprachwissenschaftler Professor Henry Higgins die Blumenverkäuferin Eliza Doolittle in sei Haus. Er will sie, die einen furchtbaren Dialekt spricht, durch Sprachtraining zu einer glaubhaften Herzogin heranziehen, um der Gesellschaft seine Sprachtheorie zu beweisen. Allein, Eliza verliebt sich in den Professor. Der aber merkt es nicht. «Siehst du nicht», sagt sein Freund zu ihm, «dass das Mädchen Gefühle für dich hat?» «Oh», sagt Higgins, «ich glaube nicht. Jedenfalls keine Gefühle, um die wir uns kümmern müssten.» Lieben Männer überhaupt, wenn sie sich in eine Jüngere verlieben? Oder sind sie einfach hingerissen von der Möglichkeit, sich eine Traumfrau zu modellieren? Lieben sie die Frau oder den Traum, den sie ihr überstülpen? «Heute denke ich», sagt Karin, «dass er sich zurückzog, als ich langsam aufhörte ihn anzuhimmeln, als der Alltag einkehrte und ich begann, auch seine Fehler zu sehen.»

Für Karin war dieses Jahr mit ihrem Achim ein Traumjahr. Aber sie bezahlte einen hohen Preis dafür. «Das Schlimmste war, wenn ich zurückschaue, dass ich nachher bei keinem Mann mehr diese materielle, emotionale und sexuelle Sicherheit gefunden habe. Obwohl ich sie dauernd suchte. Das hat bis in meine spätere Ehe hineingespielt. Alle meine anderen Partner und auch mein Ehemann haben das nicht mehr gebracht. Es kamen dann halt andere Themen ins Leben, die Partnerschaft, der Kinderwunsch. Bei Achim ging es damals nur um das Zusam-

Wie kommt es, dass junge Frauen oft einen älteren Mann verehren? «Es ist dieses große Gefühl von Sicherheit», sagt Karin.

mensein mit ihm. Heiraten wäre für mich schon ein Thema gewesen, wenn er gefragt hätte.» Galathea hat ihren Pygmalion geliebt. Und er? «Nach drei, vier Monaten war dann auch das mit der Schlange, meiner Nachfolgerin, vorbei. Dann kam wieder eine Neue, die drei Jahre jünger als ich war. Die hat er dann später als dritte Frau geheiratet und mit ihr nochmals zwei Kinder gemacht. Die sind heute 18 und zwanzig. Und Achim leidet mittlerweile an Parkinson, seine junge Frau muss ihn pflegen.»

Wie kommt es, dass junge Frauen einen älteren Mann so verehren? «Dieses große Gefühl von Sicherheit», sagt Karin, «das hatte uns mein Vater nie geben können. Achim hatte ein Landhaus, eine Stadtwohnung, einfach genug Geld. Mein Vater war auch so ein schöner Mann wie Achim, aber er war ein Hallodri. Er konnte alle bezaubern, aber manchmal die Miete nicht zahlen, zweimal landete er wegen Betrügereien im Gefängnis. Wir mussten dauernd umziehen. Er hatte studiert, aber keinen Abschluss gemacht. Damals hat er sein Diplom gefälscht. Er hat immer wieder solche Sachen gemacht.» Kein Wunder, dass Karin bei ihrem Achim den so ersehnten, Sicherheit schenkenden Vater suchte. Aber war dieser Achim im Grunde nicht auch ein Hallodri? Wie ihr Vater? Ist Karin einfach ins Hamsterrad gestrauchelt? Vielleicht sagte ihr inneres Kind: «Schau, Papa, wie ich dich liebe! Ich nehme einen, der so ist wie du.» «Meine Mutter», erzählt Karin, «war das Kind von geschiedenen Eltern. In der Klosterschule wurde sie deswegen dauernd als schwarzes Schaf behandelt. Sie suchte auch ein Leben lang nach Sicherheit. Und nachdem mein Vater ihr ein Jahr lang sehnsuchtsvolle Liebesbriefe geschrieben hatte, gab sie ihm das Ja-Wort. Aber Sicherheit hat sie bei ihm nie gefunden.»

Ältere Männer vermitteln Sicherheit. Aber offenbar nicht zu Hause. Denn nicht wenige brechen aus Ehen aus, in denen sie von ihren Frauen als stabile, verlässliche Partner gefordert werden, und begeben sich in Beziehungen, in denen sie wieder der Star sind. Auf dem Markt junger Frauen, die Sicherheit, Großzügigkeit und Vorwärtskommen suchen, haben sie plötzlich einen hohen Wert, wenn sie über das nötige Kleingeld verfügen. Auch Willy wollte gern ein Star sein. Er war mit seinen 33 Jahren ein halbwegs erfolgreicher Schauspieler. Zusammen mit seiner Frau betrieb er noch ein Sommerrestaurant am See. Irgendwie ging es aber nicht recht vorwärts mit seiner Karriere, und seine Frau hatte sich das Leben mit dem schönen Schauspieler wohl auch aufregender vorgestellt. Dann kam eines Tages eine Schulklasse von jungen Kücken ins Schauspielhaus: Gemeinsam mit den Profis wollten die Mädchen ein Stück erarbeiten. Willy, der Star des Hauses, wurde bewundert.

Beate war 17, damals, als sie mit ihrer Klasse dieses Theaterstück erarbeiten sollte. «Mein Selbstverständnis war nicht so, dass sich ein fescher Mann für mich interessieren könnte. Ich war keine von denen, auf die sich die Typen gestürzt hätten. Aber ich hatte vorher schon zwei Jahre einen Freund, der lieb und gescheit war. Ich war Klassensprecherin, hab den Lehrern unerschrocken Paroli geboten, wenn es nötig war. Aber als Frau hatte ich keinen Platz in der vordersten Reihe, ich war noch ein Mädchen.» Beate konnte nicht verstehen, warum dieser Willy offensichtlich ein Auge auf sie geworfen hatte. «Als er begann, sich für mich zu interessieren, hab ich mich unter Kolleginnen lustig darüber gemacht. Doch dann hat mir das irgendwie geschmeichelt, und ich bin in die Falle getappt. Ausgerechnet er, der Schauspieler, der Märchenprinz aus Schneewittchen, interessierte sich für mich kleines unscheinbares Mädchen, das mit den Klassenkameradinnen eine kleine Nebenrolle spielen durfte.» Nach der Premiere begannen die beiden eine heftige Affäre. «Er bot mir nach der Feier an, mich nach Hause zu fahren. Aber er fuhr nicht zu mir, sondern zu ihm.»

Beate war überschwemmt von den Gefühlen, die sie für Willy empfand. Er der Bewunderte, Gutaussehende, sie die kleine Unscheinbare. Er legte ihr die Schönheit der Welt und die Aufregung der Liebe zu Füßen. «Aber seine Frau bemerkte es», erzählt sie weiter. «Sie ist uns bei einem Spaziergang überraschend begegnet. Sie war mit dem Auto unterwegs und hat uns Hand in Hand gesehen. Sie hat angehalten, ist ausgestiegen und hat mir in aller Öffentlichkeit eine runtergehauen. Und sie hat rumgebrüllt. Das geschah nahe unserer Wohnung, und ich bin dann weinend nach Hause gelaufen. Er blieb bei ihr, hat sie beruhigt. Ich dachte damals, ich sei im falschen Film, eine volle Eifersuchtsszene! Er ist dann noch bei mir zu Hause vorbeigekommen, wir haben beide geheult. Er sagte mir, er müsse das beenden, seine Frau habe das verlangt. Wir haben uns dann sehr dramatisch voneinander verabschiedet. Danach hat er mir den einzigen Liebesbrief geschrieben, den ich von ihm je erhalten habe. Dieser Brief hat mich lange verfolgt. Es war so schön inszeniert: Er schickte mir den Brief über eine Freundin, der Brief wurde ‹überbracht›, das war irgendwie mystisch. Später hat er mir mal gesagt, dass ich der Grund für das Ende der Ehe gewesen sei.»

Das Gefälle in der Beziehung hat für beide einen Reiz. Und dieser Reiz ist oft stärker als alle Vernunft. «Ich frage mich manchmal, wie es gewesen wäre, wenn jemand wohlwollend mit mir über alles gesprochen hätte. Hätte ich von ihm lassen können? Aber ich konnte mit niemandem darüber reden. Ich habe sowieso nie mit jemandem über diese Dinge geredet.» Beate sah ihren Willy nicht mehr. Sie machte die Matura und ging für ein Jahr nach Kanada. Als sie zurückkam, wollte es der Teufel, dass sie Willy wieder begegnete. In einer anderen Stadt. «Als ich mit meinem Bruder über den Hauptplatz ging, liefen wir zufällig Willy und seiner Frau über den Weg. Wir zwei haben uns nur angeschaut. Es war ein langer Blick. Meine Sehnsucht nach ihm und diese Mystifizierung hatten auch in Kanada angedauert. Ich war da ja auch oft einsam. Heute weiß ich, dass Sehnsucht nicht nur ein Schmerz ist, sie ist auch eine Ressource. Ich hatte mir in Kanada damit eine Welt aufgebaut, in der mich nur Willy verstanden hat. Ich hab ihn völlig überhöht. Diese Unerreichbarkeit hat ihn überhöht.»

Wenn Männer mit einer jüngeren Frau noch einmal Kinder zeugen, wird es erst recht schwierig. Denn wollen sie das wirklich: noch einmal durch ein Kind entthront werden?

Zwei Jahre später hat Beate wieder eine Affäre mit ihrem Willy begonnen. «Er war inzwischen geschieden, hatte aber eine verheiratete Freundin. Auch ich hatte einen Freund. Willy und ich verlobten uns heimlich, er schenkte mir einen Ring, den ich vor meinem Freund verbarg. Willy hat es immer wieder verstanden, erinnerungswürdige Dinge zu tun, sich dann aber monatelang nicht mehr gemeldet. Das hat meine Sehnsucht lebendig gehalten. Ich habe immer wieder versucht, ihn anzurufen, den Kontakt herzustellen, ihn ‹wie zufällig› zu treffen.»

Affären haben ihre eigenen Gesetze. Sehnsucht hält sie am Leben. Und das Locken hier und da. Beates Beziehung zu ihrem Freund ging in die Brüche. «Willy wurde für meine Beziehungen das Maß aller Dinge. Ich habe meine anderen Beziehungen damit schlechtgemacht. Wenn Willy immer wieder reinfunken konnte, dann waren meine Beziehungen offenbar nicht so viel wert. Ich habe meinen Partnern sogar vorgeworfen, dass sie es nicht mal bemerkten.» Willy, der Prinz, behielt sein Recht auf das kleine Mädchen. Sie warf sich ihm wieder in die Arme. «Er sagte: Wenn wir jetzt wieder zusammen gehen, dann heiraten wir. Aber es gab immer wieder große Zweifel bei beiden, er formulierte sie, ich nicht. Wir legten ein Hochzeitsdatum fest, aber nach gemeinsamen Ferien verschwand er mit den Worten: Ich heirate nicht! Wir haben dann beschlossen, nur kirchlich zu heiraten, ohne Standesamt, und haben tatsächlich einen Priester gefunden, der das illegalerweise mitmachte. Das Standesamt haben wir auf ein Jahr später verschoben, haben dieses Jahr quasi als Bewährungsprobe definiert. Aber es blieb schwierig, er ist immer wieder verschwunden, hat den Schwanz eingezogen, fühlte sich dem Ganzen nicht gewachsen. An Silvester gab es wieder einmal einen großen Streit. Da bin ich abgehauen. Als ich ihn dann doch wieder angerufen habe, bat er mich, zurückzukommen. Ich tat es.

In den Nächten danach wurde ich schwanger, das merkte ich allerdings erst nach sechs Wochen.»

Wenn Männer mit einer jüngeren Frau noch einmal Kinder zeugen, wird es erst recht schwierig. Noch einmal diese Entthronung durch ein Kind? «Als ich ihm meine Schwangerschaft eröffnete, gab es gleich wieder einen Riesenstreit. ‹Wir können uns das nicht leisten!›, rief er aus. Er hatte seinen Job verloren, und er wollte offensichtlich keine Konkurrenz. Wenn überhaupt, dann wollte er nur eine Tochter, nur ja keinen Prinzen. Ich hatte Angst bei der Vorstellung, einen Sohn zu gebären. Er ist dann wieder für eine Woche verschwunden, hat mit Selbstmord gedroht. Da habe ich beschlossen, dass ich dieses Kind vor ihm beschütze.»

Beate hat heute eine niedliche kleine Tochter. Sie lebt mit ihrem Kind und einem neuen Mann zusammen, der seinerseits drei Kinder in die Ehe brachte. Willy hat sich noch einmal in eine Jüngere verliebt und ist wieder Vater geworden. Wieder hat er geheiratet. Und Beates Eltern? Ihr Vater hat die Familie verlassen, als sie zwölf Jahre alt war. Er hatte eine Jüngere genommen.

Das Leben ist oft seltsam, und manchmal beschleicht einen der Gedanke, dass wir von unseren Eltern viel mehr übernehmen als nur deren Gene. Können wir uns überhaupt frei bewegen im Leben? Haben wir als erwachsene Frauen und Männer eine Chance, tatsächlich etwas Eigenes zu entwickeln? Manchmal ja. Und manchmal erst nach einer Krise.

Einsichten

- Jüngere Frauen suchen Sicherheit und Geborgenheit. Männer suchen Macht.
- Zusammen ergibt das ein gefährliches Gefälle.
- Wehe, wenn die Jüngere «erwachsen» wird.

Und das sagen die Fachleute:

Es gibt verschiedene Motivationen, um nach Macht zu streben. Eine davon ist zum Beispiel der Wunsch, etwas bewegen zu können, die Welt zu gestalten, sich und die Familie erfolgreich durchs Leben zu bringen. Eine andere Motivation liegt in der Unsicherheit und dem Bedürfnis, Sicherheit herzustellen. «Viele Männer sind zutiefst unsicher, sie fragen sich unbewusst dauernd: Bin ich ein Mann?», sagt der Männertherapeut Peter Schröter. «Aus dieser Unsicherheit heraus beweisen sie sich selber und der Umwelt dauernd, dass sie tatsächlich Männer sind.» Schröter erlebt in seinen Männerseminaren immer wieder die tiefe Unsicherheit der Männer auch in ihren Partnerschaften. «Männer sind selten autonome Wesen», sagt er. «Sie sind eingebunden in Hierarchien, wo der Boss sagt, wo's langgeht, und zu Hause erleben sie ihre Partnerinnen ebenfalls als fordernd, mächtig, manchmal übermächtig.»

Wie vielversprechend ist da die Verlockung der Jüngeren, die diesen Machtanspruch geradezu herausfordert und sich als unterlegen anbietet? Männer reagieren darauf mit Großzügigkeit und Väterlichkeit. Sie fühlen in sich den Wunsch, dieses Angebot anzunehmen, um endlich einmal das Gefühl der Sicherheit und Überlegenheit zu genießen. «Ich habe das Sagen, ich bin wieder jemand», klingt es in ihrem Un-

bewussten. «Sie denken», sagt der Psychologe Rafael Kamp, «sie hätten ihren Mangel an Macht überwunden.» Junge Frauen dagegen wissen sehr gut mit diesem Mangel der Männer umzugehen. Sie wickeln sie um den Finger. Diese Strategie haben sie meist schon als kleine Kinder gelernt, als es darum ging, Vaters Liebe zu erobern. «Viele junge Frauen ersehnen sich bei einem älteren Mann Sicherheit», beobachtet auch Kamp. «Sie denken: Das ist ein gestandener Mann, der weiß, was er will, er hat bewiesen, dass er eine Familie ernähren kann, er wird mich und meine Kinder versorgen.» Kamp bestätigt, dass viele dieser jungen Frauen aus dem Osten oder dem fernen Osten kommen, wo die Lebensbedingungen noch immer brutal hart sind. «Für jemanden aus Russland ist schon das Gehalt eines Handwerkers hier überwältigend hoch. Erst wenn diese Frauen hier sind, bereuen sie ihre erste Wahl und betrachten sie zunehmend als Sprungbrett, um mit einem neuen Mann einen weiteren sozialen Aufstieg zu schaffen.»
In der ersten Zeit genießen beide die Vorteile, die das neue Arrangement mit sich bringt. «Je länger die Beziehung aber dauert», sagt Kapossy, «umso mehr gleicht sich das Machtgefälle aus. Bloß weil sie jünger ist, wird er nicht zum Superhelden, und bloß weil er älter ist, wird sie nicht auf Dauer zurückstehen wollen, sie wird zu ihm aufschließen.» Dann beginnt der Tanz von vorne: Sie will ernst genommen werden, er spürt wieder die alte Ohnmacht. «Nach einer gewissen Zeit», sagt Kapossy, «stehen die Männer wieder am selben Punkt. Sie sind erneut gefordert, sich in der Beziehung als Partner zu stellen.»
«Die jüngeren Frauen spüren mit der Zeit, dass sie nur ein

Objekt zur Befriedigung männlicher Bedürfnisse waren», sagt die Psychologin Syl Edelmann-Hollenstein, die in ihrer Praxis immer wieder mit solchen Fällen konfrontiert wird. «Sie fangen dann an, ihren Körper zu verweigern, sie sagen: Du willst ja nur Sex. Die Männer auf der anderen Seite reagieren dann ihrerseits mit Vorwürfen: Du weißt ja gar nicht, was es bedeutet, Geld nach Hause zu bringen, du gibst mir überhaupt keine Anerkennung.» Oft schaffen es Männer erst mit der zweiten Frau, in einer Therapie oder einem Coaching an sich und ihrer Beziehungsfähigkeit zu arbeiten. In dieser Arbeit bekommen sie dann die Wertschätzung für ihre Leistungen und lernen, diese Wertschätzung auch zu geben.

Was es dem Mann gebracht hat – und was nicht. Von der Krise auf der Passhöhe des Lebens

Von Charles Meyer

Als Thomas vor der Berghütte von seinem «jungen Glück» überrascht wurde, dachte er nicht daran, seine Frau und seine Kinder zu verlassen. Er hatte einfach zu seinem bisherigen Glück noch ein junges, zusätzliches Glück gefunden, und irgendwie würde sich dafür schon ein Platz in seinem Leben finden lassen. «Meine Frau hat italienische Wurzeln», sagt er, «und in Italien ist man daran gewöhnt, dass der Ehemann oft Geliebte hat. Meine Frau hat das akzeptiert.»

In der Tat ging die Ehe weiter. Thomas erzählte zu Hause von seinem neuen Glück und richtete es so ein, dass er jedes zweite Wochenende und zweimal im Jahr Ferien mit seiner jungen Geliebten verbrachte. Seine Irmgard duldete es. «Für mich war es einfach, beide Frauen zu lieben», sagt Thomas. «Es war super. Wunderbar.» Er brachte der Jüngeren das Bergsteigen bei, das Klettern, machte Skitouren mit ihr – er ein sportlicher, erfolgreicher Mann in den besten Jahren, sie ein sexy Skihäschen, begeistert, hingerissen, glücklich. Wie im Kino. Thomas verdiente gut, er konnte es sich leisten, der jungen Lisa die Welt zu zeigen. «Ich lud sie auch oft zu uns nach Hause ein. Aber Lisa und Irmgard habe ich nie zusammengebracht. Das war kein Thema, für keinen von uns dreien.» Wen wundert es?

Im siebten Jahr dieser Dreiecksbeziehung nahm Thomas' Tochter sich das Leben. Am Karsamstag. Sie war 23 Jahre alt. Sieben Wochen später fuhr er mit Lisa eine Woche in die Berge. Sie löste die Beziehung zu Thomas auf. Sie hatte einen Anderen. Im selben Jahr verstarb auch Thomas' Vater. Thomas fiel in eine Depression. «Die habe ich mit Psychopharmaka hinbekommen.» Ein Jahr nach dem Tod seiner Tochter traf er – allein auf einer Bergwanderung – eine schöne junge Frau. 21 Jahre jünger. Sie gebar ihm ein Jahr später eine Tochter. «Da hat meine Frau gesagt, jetzt sollten wir uns scheiden lassen. Wir waren vor Gericht und sind dann zusammen Kaffee trinken gegangen.»

«Wenn ich meine Geschichte erzähle, dann schütteln die Leute den Kopf. Aber vor allem Männern sehe ich den Neid an.»

Thomas erzählt seine Geschichte entlang eines Skripts, das er vorbereitet hat, alle Daten fein säuberlich zusammengetragen. Ist ja auch nicht einfach, die Geschichte beieinander zu halten, mit fünf Frauen und drei Familien. Was hat es ihm gebracht? Thomas überlegt lange. «Wenn ich meine Geschichte erzähle, dann schütteln die Leute den Kopf. Aber vor allem Männern sehe ich den Neid an.»

Ist es ein Männertraum, stets eine Jüngere, Schönere um sich zu haben, die uns bewundert und bei der wir uns als Liebenden erleben, aber diesmal aus einer überlegenen, sicheren Position heraus? Ist es ein Männertraum, quasi mit der «Tochter» unterwegs zu sein im Leben, der wir die Welt zeigen können, dank unserer finanziellen Stärke und Lebenserfahrung? Und ist es ein Männertraum, mit einer jungen Frau im Bett zu sein, der wir überlegen sind, einfach weil wir mehr Erfahrung haben, bei der wir uns ein wenig fallen lassen können, weil wir doch jederzeit die Kontrolle haben? Es scheint so. Hollywood feiert diesen Männertraum mit jedem alternden Star. Sean Connery geht im Film mit seinen damals 69 Jahren nicht mit einer 60-Jährigen auf Diebestour. Seine Kumpanin Catherine Zeta Jones ist dreißig und in diesem Film zunächst seine Schülerin und später seine Geliebte. Auch in der Realität leben die Reichen und Berühmten nach diesem Bild: Mick Jagger, Rod Stewart, Donald Trump mit seinen vollbusigen Tochterfrauen, Silvio Berlusconi, von seinen Landsmännern bewundert, Mel Gibson, der christliche Fundamentalist mit seiner neuen Russin, der «Playboy»-Gründer Hugh Hefner und seine immer neuen Häschen. Unzählig sind die Geschichten in den Klatschspalten der Medien und unzählig die bewundernden Kommentare der Männer. Ist das das neue Männerbild? Der Mann erfolgreich und wohlhabend, die Frau bewundernd, aufschauend? Vater–Tochter und das Prickeln des durchbrochenen Inzest-Tabus?

Karl-Heinz, heute fünfzig, war einer, der das jahrelang gelebt hat. Sein «Hamsterrad» bestand darin, dass er zwanzig Jahre in einer Ehe lebte, die der Ehe seiner Eltern fast aufs Haar glich. Sein Vater, selbst ohne Vater aufgewachsen, immer auf dem Sprung, eine junge Geliebte zu nehmen, bei der er sich als Liebender erlebte. Seine Mutter eine leidende Xanthippe, die ihm jedes Mal ein Drama machte, an Depressionen litt und zu körperlichen Zusammenbrüchen neigte. Dazwischen der kleine Karl-Heinz, dauernd in Angst, dass die Familie auseinanderbrechen könnte, hingezogen zur Mutter, die er gerne gerettet hätte, hingezogen zum Vater, dessen Liebe er gewinnen wollte. Fünfzig Jahre später fand er sich in einer Ehe, aus der zwar zwei Kinder hervorgegangen waren, in der er aber – genau wie sein Vater – der Böse war, geschlagen mit ekelhaften sexuellen Lüsten, eine Enttäuschung. Seine Frau, drei Jahre älter als er, hatte keine Lust auf Sex, der mehr war als nur das übliche «er oben, sie unten». Und auch das nur alle Schaltjahre einmal. Er aber liebte sie und begehrte sie auch sexuell aus ganzem Herzen. Er gab alles, um sie aus der Reserve zu locken, sie aber blieb kalt. In seinem Frust begann Karl-Heinz ins Milieu abzutauchen, betrank sich, betäubte sich und erlebte dann mit jungen Prostituierten nicht Liebe, sondern seine übermächtige, wundervolle Sexualität. Hin- und hergerissen zwischen diesen erlösenden Erfahrungen und den Schuldgefühlen, wenn er dann betrunken und nach billigem Parfüm riechend zu seiner Frau ins Bett schlüpfte, verzweifelte er immer mehr und begann an seiner psychischen Gesundheit zu zweifeln. Bin ich wirklich ein Scheusal?

Karl-Heinz hat sich dann eine heimliche Liebschaft zugelegt. Sie war einiges jünger als er, eine ehemalige Mitarbeiterin in seinem Büro, die er zufällig wieder getroffen hatte. Auch sie war verheiratet, mit einem Mann, der seinerseits keine Lust auf Sex hatte. Die beiden trafen sich hier und da in einem Hotel und erlebten wunderbare Nächte. Beide wollten bei ihren Partnern bleiben, genossen aber zusammen dieses Fließen, dieses «angenommen sein» in der Sexualität. Für Karl-Heinz war es ein Geschenk zu erleben, dass sein unbändiger Hunger nach Sex nichts Abscheuliches war, sondern eine große Kraft, in der er sich als Mann erlebte und der Frau etwas gab, was sie tief berührte. Aber Karl-Heinz liebte seine Frau noch immer, und er versuchte verzweifelt, seine Sexualität «nach Hause zu bringen». Vergebens, seine Frau blieb verschlossen.

Zweimal hat seine Frau ihn und die Kinder dann verlassen, weil sie sich in einen Anderen verliebt hatte, in einen älteren, ruhigeren Mann, und zweimal war Karl-Heinz am Boden zerstört gewesen. War sein Trieb Schuld, lief seine Frau deswegen von ihm weg? Er löste das Verhältnis zu seiner jungen Freundin auf, beide hatten das Gefühl, es gefährde ihre Ehe. Karl-Heinz war wieder alleine mit seinen Wünschen, es zog ihn wieder zu den Mädchen an der Bar, die mit Bewunderung locken und sich gern einen Mann wie Karl-Heinz angeln würden. Seine Eskapaden wurden immer kostspieliger, weil er sein schlechtes Gewissen mit Großzügigkeit kompensieren wollte. Außerdem wurden seine «Frauen» immer jünger. Am Ende waren sie bald so jung wie seine älteste Tochter. Diese Erkenntnis traf ihn wie ein Blitz, und ihm wurde übel. Speiübel. Er begann zu erkennen, dass er es jahrelang genau so getrieben hatte wie sein Vater, mit dem Unterschied, dass es ihm seine Frau tüchtig heimzahlte, nicht nur mit Vorwürfen und Abscheu, sondern auch mit eigenem Fremdgehen. Karl-Heinz hatte wiederholt, was sein Vater ihm vorgelebt hatte. Eine Geschichte kam ihm in den Sinn, als er sich damit auseinandersetzte: «Ich war etwa zehn Jahre alt, als ich mal mit meinem Vater an einem Volksfest war», erzählt er. «Mein Vater war ein wunderbarer Geschichtenerzähler und ein blendender Unterhalter. Alle an unserem Tisch waren begeistert von seinen Geschichten, vor allem eine junge Frau, die ihm ge-

genübersaß. Ich dachte mir aber nichts dabei, ich war einfach hingerissen vom Erfolg meines Vaters, von seiner Großzügigkeit, von seinem Erzähltalent. Als wir dann mit dem Auto zu Hause ankamen, stellte Vater den Motor ab, und anstatt auszusteigen, begann er auf mich einzureden: Erzählst dann nichts der Mutter, gell! Wir waren auf dem Fest und haben uns die Attraktionen angeschaut, mehr nicht! Und er sagte dies mit einer Dringlichkeit, die mich vollkommen verwirrte.»

Hat ihn der Vater zum Komplizen seiner Eskapaden gemacht? Wollte der Junge später, vielleicht aus einer kindlichen Liebe heraus, so sein wie er? Um dadurch die Anerkennung des Vaters zu gewinnen? Als Karl-Heinz das erkannt hatte, stellte er sich seiner Verwundung und den damit verbundenen Schuldgefühlen, er stieg aus dem Hamsterrad aus. Er trennte sich von seiner Frau und blieb mit den Kindern. Nach einem Jahr tiefster Depression und Trauer stieß er auf seine neue Frau, nicht viel jünger als er. Sie schätzte seine Sexualität und Männlichkeit. Zusammen entdecken sie nun eine neue Welt, die Welt der Partnerschaft.

> *Bei der gleichaltrigen Frau spielt die «Musik der Mutter» im Hintergrund immer mit. Sie sagt, was sein darf und was nicht. Bei der jüngeren Frau spielt «die Tochter» mit. Da darf der Vater sein, wie er ist.*

Was hat das mit der Jüngeren zu tun? Wenn Männer sich mit einer Jüngeren zusammentun, dann können sie aus ihrer Überlegenheit heraus Dinge zulassen, die sie bei ihrer gleichstarken Partnerin nicht leben können – weil es vielleicht abgewertet wird, verdrängt wird, mit Tabus belegt ist. Im Rausch des neuen Verliebtseins werden sie mutig und lassen Bedürfnisse hochkommen, die sie sonst unterdrückt haben. Bei der gleichaltrigen Frau spielt die «Musik der Mutter» im Hintergrund immer mit. Sie sagt, was sein darf und was nicht. Bei der jüngeren Frau spielt «die Tochter» mit. Da darf der Vater sein, wie er ist, denn die Tochter sagt: «Ich liebe dich, Vater, wie du bist.» Karl-Heinz hat bei seiner jüngeren Freundin erlebt, dass seine Sexualität nicht ekelhaft ist, sondern ein wunderbares Fest für beide. Das hat ihn gestärkt. Das hat ihm den Mut gegeben, zu seiner Männlichkeit zu stehen. Und den Mut, seine bisherige Ehe als Hamsterrad zu erkennen, ein Rad, das einfach die Ehe seiner Eltern weiterdrehte. Karl-Heinz ist dann aber nicht bei den Jüngeren geblieben. Sie waren ja nur «Katalysatoren», waren austauschbar. Er wünschte sich eine Partnerin, der er seine ganze Liebe schenken kann. Und er hat eine gefunden, die ihn liebt, wie er ist.

Der Rausch mit der Jüngeren kann befreiend sein. Auch Markus erlebte eine solche Befreiung, auch wenn er noch heute einen hohen Preis dafür bezahlen muss. Markus lebt heute mit seiner zweiten Frau und den gemeinsamen Kindern in einem wunderschönen Haus, das er mit eigenem Geld gebaut hat. Er hat hart dafür gearbeitet. Noch vor zwanzig Jahren hätte er sich nicht träumen lassen, dass er es jemals so weit bringen würde. Markus hatte einen Va-

> *«Es scheint so zu sein, dass Frauen sich viel direkter auf Männer beziehen können als Männer auf Frauen. Es ist, als ob jede Frau für den Mann auch noch ein Stück Mutter repräsentieren würde, von der er sich lösen und gegen die er sich wehren muss, um seine Identität als Mann zu wahren.»*
> *Hans Jellouschek*

ter, von dem er sagt, er sei sehr streng gewesen, und er macht dabei eine Handbewegung, die nichts Gutes erahnen lässt, weder für die Kinder noch für die Mutter. Als Markus das Elternhaus verließ, zog er möglichst weit von seiner Vaterstadt weg, nahm eine Stelle in einer Fabrik an und suchte sich ein Arbeiterzimmer. Die Abende verbrachte er in einer Kneipe um die Ecke, und da bediente ein junges Mädchen, in das er sich sofort verliebte. Das Mädchen kam aus dem Kinderheim, der Vater war unbekannt, die Mutter in einer psychiatrischen Klinik. Sie war ein wenig seltsam, aber Markus glaubte, er könne sie retten.

Wir Männer handeln oft aus einer Liebe heraus, die wir als kleine Jungen gegenüber unserer Mutter verspürten. Und wenn wir Mutter nicht retten konnten, dann nehmen wir uns eine Frau oder eine Geliebte, die wir retten können. Das Hamsterrad beginnt sich zu drehen.

Markus wollte das Mädchen aus der Kneipe herausholen, nahm sich eine Wohnung und zog mit ihr dort ein. «Sie hatte im Kinderheim gelernt, zu gehorchen und zu arbeiten. Ich war dominant und sagte, was sie zu tun habe. Das lief ganz gut.» Irgendwann wurde geheiratet, es kamen zwei Kinder. Markus konnte nicht sagen, warum er unglücklich war in dieser Beziehung, aber er zog sich zunehmend zurück, nahm Jobs an, die ihn weit weg führten, er ging oft wochenlang auf Montage, und wenn er zu Hause war, verbrachte er die Abende in Kneipen, mit Freunden, im Fußballverein. Irgendwann wurde ihm klar, dass etwas falsch lief. Er nahm eine Stelle als Kontrolleur einer technischen Anlage in den Bergen an, ganz am Ende eines einsamen Tals. Seine Familie nahm er mit. Hier hoffte er, Ruhe zu finden. Alles wieder auf die Schiene zu bringen. Aber es lief schief. Die Frau hatte Mühe, die Kinder zu erziehen, «woher hätte sie es auch lernen sollen?», und seine Strenge, die er als Kind erlebt hatte, brachte auch keine Ordnung. Er wandte sich zunehmend dem Alkohol zu, sie waren beide überfordert in der Wiederholung ihrer Kindheit.

Da lernte Markus auf einer Kirmes ein 17 Jahre jüngeres Mädchen kennen, und er sagte ihr im Scherz: «Dich würde ich vom Fleck weg heiraten.» Die junge Frau, eine Bauerntochter, war nicht verlegen um eine Antwort, sie wollte ihn gerne näher anschauen. «Wir trafen uns wieder, und sie wollte mich heiraten, aber erst, wenn ich mein Leben aufgeräumt und dem Alkohol abgeschworen hätte. Das habe ich dann getan.»

Markus schien die Jüngere wie ein rettender Engel, eine zweite Chance auf ein glückliches Leben. «Die Scheidung war ein Drama, ich war der Böse und muss nun bis zur Pensionierung für sie bezahlen. Meine Ex stürzte ab, ließ sich gehen, Sozialamt, verschuldet, zu Hause ein Saustall. Ich habe dann die Söhne zu mir genommen, aber ihnen ging es ganz schlecht. Drogen, Selbstmordversuch. Meine neue Frau und ich waren überfordert, wir bekamen ja selber zwei Kinder.»

Markus bezahlte einen hohen Preis für seine Rettung. Die Gesellschaft rümpfte die Nase über ihn, die eigene Familie machte ihm Vorwürfe: «Verlässt deine Frau und deine Kinder für eine Jüngere!» Markus torkelte in eine tiefe Krise. Er hatte Schuldgefühle und sah sich als Versager. «Ich musste in die psychiatrische Klinik. Ich bin mir zuerst blöd vorgekommen, da musst du dich outen. Aber dort konnte ich auch endlich alles auf den Tisch legen. Das war super. Reden, und zwar nüchtern. Das hat mich vom Alkohol abgehalten.»

Seither hat sich Markus mit Hilfe seiner jungen Frau in ein neues Leben gestrampelt. Er hat gearbeitet wie ein Tier, um die alte und die neue Familie zu ernähren, und er hat es geschafft, für seine neue Liebe ein großzügiges, schönes Haus zu bauen. Der Preis für sein neues Leben außerhalb des alten Hamsterrades ist hoch. «Meine beiden Söhne aus erster Ehe machen mir große Sorgen, und es tut weh, zuschauen zu müssen, wie schwer sie es haben, auf die Füße zu kommen.» Auch die Beziehung zu seiner neuen Frau wird immer wieder belastet durch die alten Geschichten. Und durch den Altersunterschied. «Abends, wenn die Kinder im Bett sind, blüht sie auf, wird putzmunter, möchte etwas unternehmen. Ich dagegen bin meist hundemüde von der Arbeit und möchte früh ins Bett.» Und dann die beiden neuen Kinder: «Ich wäre gerne ein etwas jüngerer Vater für sie. Es ist seltsam, wie sich alles wiederholt, der erste Schultag, Elternabende, nur diesmal bin ich mit meinen fünfzig Jahren weit und breit der Älteste.» Wäre es anders gekommen, wenn Markus bei seiner ersten Frau geblieben wäre? Hätten sie eine Chance gehabt, sich beide neu zu erfinden in ihrer Partnerschaft, sich über ihre «elterlichen Vorgaben» bei der Partnersuche und in der Beziehung hinauszuschwingen? Hätten die Söhne dann ein «ordentliches» Zuhause gehabt? Wer kann das beurteilen? Markus hat sich entschieden auszusteigen. Es scheint, als wäre da einer aus großer Seenot gerettet worden und fände sich noch nicht so richtig zurecht auf seinem neuen Schiff. Was ist seine Strategie, um diesmal nicht unterzugehen? «Die Beziehung», sagt Markus, «das habe ich vorher nicht gewusst, aber heute weiß ich es, die Beziehung ist eine dauernde Baustelle. Und, heute bin ich nicht mehr so dominant.»

Es gibt Männer, die rasseln mit der ersten Beziehung gnadenlos ins Unglück. Unschuldig, weil unbewusst. Und wenn sie Glück und genug Leidensdruck haben, finden sie aus dem Hamsterrad heraus. Trotzdem leiden sie oft ein Leben lang an den Folgen. Die Beziehung zu den Kindern wird empfindlich gestört, und das tut weh.

Er fühlte sich wieder jung, unsterblich, großartig, und es war, als könne er wieder Kind sein: bewundert von den Müttern und Tanten, diesmal einfach von einer Jüngeren, die zu ihm aufschaut.

Es gibt Männer, die steigen aus dem Hamsterrad aus und versuchen sich in einer neuen Beziehung, vielleicht in einer Beziehung mit einer Jüngeren, was den Neueinstieg erleichtern kann. Was bringt es ihnen? Thomas brachte es jeweils ein «neues Wunder» und die Genugtuung, «bewundert zu werden». Er fühlte sich wieder jung, unsterblich, großartig, und es war, als könne er wieder Kind sein: bewundert von den Müttern und Tanten, diesmal einfach von einer Jüngeren, die zu ihm aufschaut. Und jedes Mal, wenn es schwierig wurde, fand er mit seinem kindlichen Charme eine Neue, noch Jüngere. Bei drei Frauen wurde er Vater. Seine ersten Enkel sind knapp jünger als seine letzten Kinder. Glücklich? «Von Männern beneidet.»

Karl-Heinz brachte die Jüngere eine neue Bewertung und Wertschätzung seiner eigenen Sexualität. Er machte sich frei von der Abscheu seiner ersten Frau, in der sich die

Abscheu seiner Mutter gegenüber der ungezügelten Sexualität seines Vaters wiederholte, und genießt jetzt seine Sexualität mit seiner zweiten Frau. Markus rettete die neue Beziehung vor der eigenen Dominanz, die er vom Vater «erlernt» und übernommen hatte. Er fand zu einer liebevollen Partnerschaft, wie sie eigentlich zu ihm passt. Horst fand in der Jüngeren endlich die ihm gewachsene «Partnerin», optimistisch, mit eigenen Ideen und Perspektiven. Eine Partnerin, um mit ihr die Welt aus den Angeln zu heben. Im Bett, aber auch in den Diskussionen und in der Auseinandersetzung über ihre jeweiligen Projekte. Aber einige von ihnen bezahlten einen hohen Preis dafür: den Verlust der Kinder und das schlechte Gewissen, sie verlassen zu haben. Die Verantwortung dafür wiegt schwer.

Andere Männer steigen aus und bleiben doch im Hamsterrad hängen. Martin zum Beispiel, der Unternehmensberater, der im ersten Kapitel sagte, gegen den Körper einer Jüngeren käme seine Frau nicht an, er hat nun eine Jüngere. Und ist damit in Vaters Hamsterrad geblieben. Er hat das Gleiche getan wie sein eigener Vater, mit dem er nicht mehr redet, und er hat seinen Kindern genau das angetan, was ihm selber angetan wurde. Schuldig? Wer will das entscheiden? Martin genießt nun wie sein Vater die Vorzüge der Jüngeren, ihre frische Sexualität, ihre Lebendigkeit, ihren Willen, ins Leben aufzubrechen und Karriere zu machen – wenn auch «nur» in Martins eigenem Unternehmen. Und er genießt diesen Status, sie wie ein Mentor zu fördern. Schwer wird es ihm ums Herz, wenn er an seine Kinder denkt und an seine Frau, der er sich nicht gestellt, die er verletzt hat.

Was bringt es Männern, den «Notausgang ins Glück» zu wählen? Peter, unser Direktor auf Stellensuche, war sicher, mit Anna das Glück gefunden zu haben, mit jener jungen Assistentin, die ihm jeden Wunsch von den Augen ablas. Und doch fand er sich am Ende im Hamsterrad wieder, mit einer Frau, die aus dem «Tochter»-Status in den «Mutter»-Status hineingewachsen war und ihn nun forderte – überforderte. Es scheint, als wäre er Kind geblieben, mit einer strengen Mutter und einem Leistung fordernden Vater. Jetzt, mit 55, wo alles zusammenbricht, hat er wieder die Chance, sich auf sein Eigenes zu besinnen. Und manchmal denkt er: «Hätte ich das schon früher tun sollen?»

Allen hier erzählten Männergeschichten ist eines gemeinsam. Die Krise erwischt sie zwischen vierzig und fünfzig. Midlife-Crisis nennt sich das im Volksmund, und Frauen reden gerne etwas abschätzig darüber. Weil Männer dann oft etwas kindisch werden. Männer selber reden nicht darüber. Es beginnt oft mit dem vierzigsten Geburtstag. Solange vorn eine Drei steht, ist alles im grünen Bereich, alles ist noch offen, man ist ja noch jung: Das Leben liegt vor mir. Mit vierzig schleicht sich ein fataler Gedanke ein: «Wenn ich achtzig werde, dann habe ich jetzt die Mitte erreicht. Aber vielleicht werde ich ja neunzig. Noch viel Zeit also …» Zeit wofür?

Wie schon gesagt, wenn Männer an diesen Punkt kommen, ist es, als wenn ein Wanderer auf der Passhöhe anlangt und plötzlich beides sieht: den Anfangspunkt seiner Wanderung tief hinter sich im Tal und sein Ziel, tief vor sich im Tal. Dieser Blick kann wunderschön sein, wenn man sich freut, wie man die Schwierigkeiten des Aufstiegs gemeistert hat. Dann kann man die Aussicht hier oben genießen und auch die Stärke, die man in sich fühlt. Und sich freuen auf den etwas geruhsameren Abstieg, auf das Ankommen zu Hause, wo man müde und zufrieden die Füße massiert und von der schönen Wanderung erzählt.

Dieser Blick von der Mitte des Lebens aus kann aber auch ein Schrecken sein. Von nun an geht's nur noch bergab. War das schon Alles? Was ich beim Aufstieg nicht genossen habe, werde ich beim Abstieg erst recht nicht mehr finden. Was ich beim Aufstieg verpasst habe, ist für immer verloren.

Dieses Ankommen auf der Passhöhe, in der Mitte des Lebens, ist auf jeden Fall eine aufwühlende Geschichte. Hier erlebt der Mann seine zweite tiefe Krise im Leben. Die erste Krise war die Pubertät, die Zeit des Übergangs vom Jungen zum Mann, eine Berg- und Talfahrt der Hormone. Die zweite Krise ist subtiler. Aber

Wechseljahre des Mannes?

In seinem Buch «Der Feuerzeichen-Mann» stellt der amerikanische Psychologe Jed Diamond die These auf, dass auch Männer so etwas wie Wechseljahre durchmachen, nicht körperlich, aber seelisch. Manche gehen dabei durch aggressive, andere durch depressive Phasen – ohne sich darüber bewusst zu werden oder gar Rechenschaft abzulegen. «Im Alter von sechzig, siebzig oder auch älter noch zeugungsfähig zu sein, verleiht den Männern die Aura jugendlicher Sexualität und erlaubt ihnen – zumindest in der Fantasie – sich ‹forever young› zu fühlen. Schaffen sie es jedoch nicht, ihre ‹Potenziale› restlos auszuschöpfen, dann folgt die sexuelle Frustration, die wiederum verhindert, dass Männer erwachsen werden; viele bleiben emotional auf dem Niveau von Jugendlichen stehen.»

Jed Diamond, Der Feuerzeichen-Mann

wie jede Krise ist sie von außen unschön anzuschauen. Die Pubertät bringt Pickel auf die Haut, die Krise in der Mitte des Lebens oft närrisches Zeug an den Tag. Manche Männer kaufen sich ein Motorrad und geben noch einmal Vollgas. Andere lassen sich die Haare zu einem Pferdeschwanz wachsen, um noch einmal wild zu sein im Leben. Wieder andere legen sich ein Cabriolet zu oder gehen ins Fitnessstudio, um sich einen jungen Body zu formen. Manche Männer trainieren auf einen Marathon hin, um sich Jugendlichkeit zu beweisen. Manche werden von ganz weit zurückliegenden Entbehrungen heimgesucht und leisten sich nun etwas, was sie sich in ihrer Kindheit sehnlichst wünschten. Und wieder Andere werden überschwemmt von alten, unerledigten Dingen, von nicht vollzogenen Ablösungen, nicht verarbeiteten Traumata, von Verdrängtem und Verstecktem – es ist, als spucke der Keller alles aus, was ihm nicht bekommt.

Jede Krise hat zwei Seiten: Sie ist Chance und sie ist Gefahr. Wer nur die Gefahr sieht, verpasst die Chance, und wer nur die Chance sieht, läuft Gefahr, sich zu verheddern und abzustürzen. Manche Männer begegnen in ihrer Krise einer jungen Frau, die sie daran erinnert, dass auch sie noch etwas in sich haben, was jung ist und leben möchte. Sie sehen nur die Chance, die in der neuen Begegnung liegt, die Jugend zurückzugewinnen, neu anzufangen, Versäumtes nachzuholen. Von außen gesehen löst das meist Kopfschütteln aus. Andere Männer wieder sehen nur die Gefahr. Sie wollen treu bleiben, lehnen die Herausforderung durch die Jüngere ab, verdrängen, was an Wünschen und Sehnsüchten in ihnen auftaucht. Dabei wäre diese Krise in der Mitte des Lebens eine gute Gelegenheit, sich Rechenschaft abzulegen, was noch nicht gelebt ist und was noch gelebt werden will. Es ist eine Krise, die alle Männer mehr oder weniger durchmachen. Andere Kulturen wissen das sehr wohl und haben spirituelle Antworten darauf gefunden. Im Buddhismus gehen Männer um die fünfzig manchmal für eine gewisse Zeit in ein Kloster, um über diesen Punkt in der Mitte des Lebens zu meditieren. Was will ich mit dem Rest anfangen? Wie gestalte ich die zweite Lebenshälfte, den Abstieg? Der Sinn dieser Krise besteht darin, sich darauf einzustimmen und vorzubereiten. Vom Krieger, der man war, zum König zu werden, der man sein könnte. Der Krieger hat Karriere gemacht, hat für seine Familie gekämpft, hat einen Status in der Gesellschaft erworben. Der König aber ist milde. Er sieht alle, das ganze Volk. Er sieht die Jungen, sieht die Alten, er sieht die Aufsteiger, sieht die Absteiger und gibt allen, was sie brauchen. Er sieht die Vergangenheit seines Volkes und die Zukunft. Diese Krise in der Mitte des Lebens ist eine zweite große Chance für Männer, erwachsen zu werden. All das, was vielleicht schiefgelaufen ist in der Vergangenheit, beim Aufstieg von der Kindheit zur Pubertät, zur ersten Liebe, zur Familiengründung, zur Kindererziehung, es will angeschaut werden, will aufgeräumt werden, damit man frei wird für die zweite Lebenshälfte. Es ist die Zeit zu erkennen, in welchem Hamsterrad man gelaufen ist, und eine zweite Chance, aus diesem Hamsterrad auszusteigen und das Neue, Ureigene zu entwickeln. Manche Männer schaffen diesen Schritt innerhalb ihrer Beziehung. Sie lassen sich von ihrer Partnerin herausfordern, sie teilen sich mit und stellen sich den oft schmerzhaften Einsichten. Gemeinsam mit ihrer Partnerin wandeln sie sich vom Elternpaar zum älteren Paar. Er mit seiner Krise, sie mit der ihren. Manche Paare finden so gemeinsam den Weg in die zweite Lebenshälfte, entwickeln Projekte ohne ihre Kinder, werden König und Königin und gehen weiter gemeinsam durchs Leben.

Andere Männer erkennen, dass ihre Beziehung überwiegend dem alten Muster dient. Sie steigen aus. Karl-Heinz zum Beispiel, der sich nun eine Frau gewählt hat, bei der er nicht mehr dem Muster des Vaters folgt. Oder Markus, der eingesehen hat, dass er das Waisenkind nicht mit kindlicher Liebe retten kann. Sie brauchen eine neue Beziehung und finden dort erst das Eigene, das von den Eltern Unabhängige. Andere Männer wiederum fürchten sich davor, ihr Leben genau zu betrachten. Sie werden überschwemmt vom «Ungelebten», und sie wollen es nachholen. Manche machen dann eine Zusatzrunde mit einer jüngeren Frau. Horst zum Beispiel, oder Martin. Sie bleiben der Rolle des erfolgreichen Kriegers und Eroberers treu und nehmen sich noch einmal eine Jüngere. Sie bewundert ihn und hält ihn jung. Zumindest eine Zeit lang. Irgendwann aber wiederholt sich, was sie schon zuvor erlebt haben und wovor sie eigentlich fliehen wollten. Wieder werden sie durch Kinder entthront, wieder scheitern sie am Unbewussten, empfinden sie ihre Frau als nörgelig, und wieder sträuben sie sich, der Frage nachzugehen, warum das wohl so ist. Wieder andere Männer schaffen es überhaupt nie, aus dem Hamsterrad auszusteigen, wie Thomas, der sein Muster wohl ewig weiterleben würde, wenn er nicht sterblich wäre, wie wir alle.

Einsichten

- Manchmal steht eine Beziehung von Grund auf unter einem schlechten Stern. Dann ist es manchmal für beide gut, sie zu beenden.
- Manchmal ist der Abbruch einer Beziehung aber eine Verweigerung der eigenen Entwicklung. Da nützt dann auch die Jüngere nichts.
- Schwierig wird es, wenn aus der Beziehung mit der Jüngeren noch einmal Kinder hervorgehen.

Und das sagen die Fachleute:

«Es gibt Beziehungen», so erlebt das der Psychologe Rafael Kamp, «die sind im Grunde die Wiederholung eines Musters aus früheren Generationen, sei es der Eltern oder der Verwandten. Solche Beziehungen zu beenden kann ein großer Schritt in der Entwicklung beider Partner sein und einen Neuanfang bedeuten, wenn es nicht gelingt, innerhalb dieser Beziehung das alte Muster abzulösen.»

In der neuen Beziehung erleben Männer erst einmal eine Phase der Begeisterung. «Sie erleben eine Revitalisierung», sagt Kamp. «Die Energie, die Lebendigkeit und vor allem die Sexualität kommen zurück. Sie schalten das seelische Altern aus. Im Grunde ist es ein Trance-Phänomen: In Anwesenheit der Jungen sind sie selber wieder jung.» Das kann, so die Erfahrung vieler Psychologen, ein paar Jahre lang gut gehen. «Männer lassen sich sehr beleben von Frauen», sagt Syl Edelmann-Hollenstein. «Da ist es toll, wenn eine Jüngere unbeschwert und fröhlich ist. Männer holen sich so ihre Lebendigkeit von außen. Ihre vorherigen Frauen haben gegeben, bis sie selber ausgehungert waren.

Deshalb entsteht bei ihnen auch das empörende Gefühl einer riesigen Ungerechtigkeit.»

Aber auch die neue Beziehung ist für die Männer nicht einfach ein geschenktes Glück, das ewig hält. «Die jungen Frauen werden erwachsen», sagt Syl Edelmann-Hollenstein, «und sie beschweren sich zunehmend, dass er sich dauernd als Mentor aufspielt, dass er glaubt, alles schon erfahren und erlebt zu haben. Sie kritisieren dann die Abgebrühtheit der alten Männer, die – je mehr Erfolg sie im Leben hatten – umso zynischer werden. Erfolg ist nicht gratis», betont Edelmann. Die jungen Frauen sagen nun: Du willst gar nicht mit mir reden. Aber gerade deshalb hatten sie ja damals diese Männer gewählt, weil sie so verständnisvoll waren und man mit ihnen gut reden konnte.

Schwierig wird es, wenn in der neuen Beziehung wieder Kinder kommen. «Die neue Beziehung kann ein paar Jahre lang wunderbar funktionieren», sagt Syl Edelmann-Hollenstein. «Er kann seinen Kindern aus erster Ehe durchaus ein guter Vater sein, und seine junge Frau kann auch ein gutes Verhältnis zu diesen Kindern aufbauen.» Wenn aber die junge Frau schwanger wird, reagieren die Männer oft geschockt. In diesem Moment dämmert ihnen dann manchmal, dass die Geburt der Kinder bei der ersten Frau letztlich der Anfang vom Ende ihrer Beziehung war, dass sie damals entthront wurden und das nicht verkraftet haben. «Diese Erfahrung», sagt Edelmann-Hollenstein, «wenn die bis anhin nur auf ihren Mann bezogene Ehefrau zur Mutter wird und der Mann plötzlich aus der totalen Aufmerksamkeit herausfällt, ist traumatisch für viele Männer. Ihre Frau geht dann in der Symbiose mit ihrem Kind auf, und das ist sehr schwierig für Männer.»

Wenn nun in der neuen Beziehung wieder dieses Trauma ansteht, ziehen sich die «erfahrenen» Männer zurück. «Die jungen Frauen fühlen sich dann alleine gelassen bei der Geburt und in der Phase danach», sagt Edelmann-Hollenstein. In diesem Moment ist es wichtig, dass beide, der ältere Mann und die jüngere Frau, die Verantwortung für ihre damalige Entscheidung übernehmen und die nun geforderte Beziehungsarbeit leisten. Edelmann-Hollenstein hat den Eindruck, dass daran aber viele Paare wieder scheitern. «Die zweite Beziehung kann für Männer eine Chance sein, es besser zu machen als in der ersten. Oft wird die zweite Beziehung aber leichter wieder aufgelöst, sie ist unverbindlicher geblieben.» Den Grund dafür sieht sie in den unterschiedlichen «Vertragsgegenständen» dieser Beziehung. Die junge Frau sucht Bindung, der ältere Mann sucht Sex. «Wenn das Konsumgut Sex nicht mehr zu haben ist, ziehen viele Männer wieder weiter.»

Was sie daraus macht,

wie sie damit lebt.

Wie Frauen es packen

Von Doris Carmen Meyer

Sabine, Barbara, Regina, Alexandra, Céline, Else, Isabelle, Sophie – sie alle wurden durch die seltsam unverständliche Krise ihrer Männer brutal zu Opfern gemacht. Hilflos fühlten sie sich zunächst, fassungslos. Die Fassungslosigkeit ist geblieben. Fassungslosigkeit darüber, wie ein Mann, den sie so gut zu kennen glaubten, plötzlich ein anderer wird, plötzlich alle seine Werte und die Familie fallen lässt zugunsten anderer, neuer, vorher nie eingebrachter Werte. Zugunsten einer zweiten Jugend mit einer Tochter-Frau.

Alle gingen sie oder gehen sie noch durch eine große Krise. Kein Wunder, wenn der eigene Lebenstraum plötzlich zerstört ist, alles umsonst gewesen scheint, was sie in vielen Jahren in ihre Ehe investiert haben. Da standen sie nun, abgeschoben für eine Jüngere und zutiefst verletzt. Verletzt als Liebende, als Partnerin, als Mutter und als Frau. Dieser Opferrolle entsprechend trauerten sie, weinten, verzweifelten sie. Doch irgendwann machten sie einen ersten

Irgendwann machten die verlassenen Frauen einen ersten Schritt aus der Opferrolle heraus, und sei es nur den zum Therapeuten. Damit wurden sie wieder aktiv, selbstbestimmt und konnten beginnen, die Scherben aufzuräumen.

Schritt aus der Opferrolle heraus, und sei es nur der zum Therapeuten. Damit wurden sie wieder aktiv, selbstbestimmt und konnten beginnen, die Scherben aufzuräumen und zu schauen, was denn noch da war und wohin die Reise jetzt noch gehen konnte.

Dieses Aussteigen aus der Opferrolle ist der erste Schritt zur Gesundung. Bei Sabine, deren Mann mit einer jungen Russin davonlief, begann das mit der Erkenntnis, dass sie ihre Freundinnen überstrapazierte: «Ich fragte nicht einmal mehr, wie es ihnen ging», erinnert sie sich heute noch beschämt. Da fiel es ihr wie Schuppen von den Augen: Sie übernahm wieder Verantwortung, nahm sich einen Therapeuten und damit die Kontrolle über ihr Leben ein erstes Mal wieder in die Hand. Sie hat heute große Distanz zu ihrem Ehemann: «Wir haben uns nichts mehr zu sagen. Ich werde nie mehr mit Peter zusammen sein wollen, er hat sich derart verändert.» Dieser Mann, den sie da gelegentlich trifft, wenn er die Kinder abholt, ist nicht mehr der Mann, den sie damals geheiratet hat. «Er ist sehr hart, kalt und intolerant geworden. Ich weiß nicht, ob sich das durch seine Freundin verstärkt hat. Doch er hat seine Wahl getroffen.» Erst vor Kurzem mussten die beiden etwas besprechen, doch nach fünf Minuten war das erledigt. «Ich merkte, dass ich ihm sonst nichts mehr zu sagen hatte.» Sabine hatte inzwischen eine neue Beziehung zu einem Mann, mit dem sie endlich wieder lachen konnte. «Bei ihm habe ich erst gemerkt, dass ich in den letzten Jahren das Lachen fast verlernt hatte.» Doch dann fand sie heraus, dass der Neue gleichzeitig eine Beziehung zu einer zweiten Frau in einer anderen Stadt unterhielt. Da wurde sie aktiv: «Ich habe diese Frau angerufen, wir haben lange geredet und schließlich beide mit ihm Schluss gemacht. Er ist jetzt alleine.» Sabine lässt sich nicht noch einmal auf Halbherzigkeiten ein. Momentan ist sie glücklich mit einem zehn Jahre jüngeren Mann. «Wir lachen viel zusammen, haben es lustig, und es ist natürlich wunderschön, einen so jungen und schönen Körper neben sich im Bett zu haben. Der Sex ist entsprechend toll! Und über die Zukunft mache ich mir keine Gedanken, ich genieße den Moment.» Hemmungslos, zum Glück.

Barbara, die eines Nachts intuitiv begriff, dass ihr Mann eine Andere haben musste, weil er sie so anders berührte als sonst, half die Wut, gar nicht erst passiv in die Opferrolle zu geraten: «Ich hätte sterben können, wenn ich nicht so wütend gewesen wäre!» Sie hat sich entschlossen zu kämpfen und hat durch den Kampf wieder zu sich gefunden. «Ich weiß nicht, ob ich meine Ehe retten kann», sagt sie. «Aber solange mein Mann sich auf die Auseinandersetzung einlässt, bin ich entschlossen zu kämpfen. Seit ich diesen Kampf aufgenommen habe, habe ich eine neue Freundschaft, eine neue Solidarität mir selber gegenüber entwickelt und dadurch ein neues Selbstbewusstsein.» Auch wenn sie den Kampf schließlich verlieren sollte, macht ihr das keine Angst mehr. «Ich weiß jetzt wieder, wer ich bin und was ich kann. Ich gehe viel liebevoller und aufmerksamer mit meinen eigenen Wünschen um, und ich höre genauer hin bei mir selber.» Barbara will sich nicht mehr jedes Mal zugunsten ihres Mannes oder der Kinder zurückstellen. «Das fühlt sich gut an, ich weiß heute, dass ich auch ohne meinen Mann ein gutes Leben führen könnte. Und», fügt sie lachend hinzu, «ich merke plötzlich, dass ich für andere Männer wieder attraktiv bin. Ich hatte mich zu lange unsichtbar gemacht. Wieder sichtbar sein macht Spaß, ein Zurück ins Alte kommt für mich nicht in Frage. Wenn unsere Beziehung überlebt, so werden wir sie neu aushandeln müssen.»

> ***Menschen, denen es gelingt, ein Trauma oder einen Schicksalsschlag zu verarbeiten, verfügen über bestimmte Stärken:***
> *– Sie gehen mit Stress effektiv um.*
> *– Sie haben gute Problemlösefähigkeiten.*
> *– Sie scheuen sich nicht, bei Problemen um Hilfe zu bitten.*
> *– Sie glauben, dass es Möglichkeiten gibt, Lebensprobleme zu bewältigen.*
> *– Ihre Beziehungen zu Freunden und Familienmitgliedern sind eng.*
> *– Mit Freunden und Familie sprechen sie über das Trauma und ihre Gefühle.*
> *– Sie sind spirituell/religiös eingestellt.*
> *– Statt als «Opfer» sehen sie sich als Überlebende.*
> *– Sie helfen Anderen.*
> *– Sie versuchen, dem Trauma etwas Positives abzugewinnen.*
> *Matthew Tull,*
> *University of Massachusetts, Boston*

Es scheint, dass mit dem Heranwachsen der Kinder eine Neuordnung für die Paare ansteht und dass die Frauen mehr oder weniger klar neue Anforderungen an die Beziehung stellen. Sie wollen die neue Freiheit genießen, mit ihrem Mann als Partner. Sind die Männer davor geflohen? Haben sie Angst bekommen, mit der Partnerin in einen neuen Lebensabschnitt hineinwachsen zu müssen? Sind sie geflohen vor der Frau, die ihnen sagt, hör zu, du bist kein Krieger mehr und ich bin nicht deine Mutter. Wir müssen bald nicht mehr für die Kinder sorgen, wir können einen neuen Lebensabschnitt planen, eine Phase, in der wir endlich wieder Zeit für uns haben? Alle interviewten Frauen bedauern es, dass ihre Männer sich davonmachten, aber sie gehen nun selbst mit Gelassenheit an den nächsten Lebensabschnitt. Jetzt halt alleine oder mit einem neuen Partner. Sie freuen sich auf die Herbstsonne, und sie wissen um die mögliche Qualität dieser Zeit. Sie trauern der Jugend nicht nach, und sie wollen das Rad nicht zurückdrehen. Doch genau das versuchen die Männer anscheinend. Noch einmal Held sein. Held bleiben, bei einer Jüngeren. Denn nur die Flucht aus dem Hamsterrad kann es ja nicht sein, was diese Männer so ausflippen lässt – wir Frauen sind ja auch in unseren Hamsterrädern, kämpfen wie die Männer damit. Doch die wenigsten würden so weit gehen, alles über den Haufen zu werfen, auszuflippen und das Kind mit dem Bade auszuschütten.

> *«Da wurde nur über die Ex-Männer hergezogen, was diese Macker für üble Typen seien, überhaupt Männer ganz allgemein. Das war das einzige Thema, es war schrecklich.»*

Alexandra, deren Mann sich in eine Kroatin verliebte, hat bei allem Horror sehr schnell realisiert, dass sie ihre berufliche Existenz gefährden würde, wenn sie sich nur dem Schmerz überlassen hätte. «Ein Jahr nach dem Auszug meines Mannes ging es mir gar nicht gut», erinnert sie sich. «Ich war alleine für die Zwillinge verantwortlich, die Unschönes mit uns erlebt hatten. Beide Jungen standen kurz vor dem Lehrabschluss und verurteilten ihren Vater für dessen Abgang. Ich musste funktionieren, auch wegen der Finanzen. Da bekam ich Angst davor, depressiv und handlungsunfähig zu werden. Das konnte ich mir schlicht nicht leisten.» Alexandra hat sich einen Therapeuten gesucht, der sie begleitete.

«Zu ihm bin ich dann regelmäßig gegangen, wie zum Arzt, um den Blutdruck zu kontrollieren», erzählt sie. «Er hat mir auch geholfen, blinde Flecken zu vermeiden, hat mich auch mal etwas geschubst. Ich wollte unter keinen Umständen in ein Depressionsloch fallen, das hätte ich fatal gefunden. Lieber vorher Halt machen, vom Rand her reinschauen. Dieses Vorgehen hat mir sehr geholfen.»

Auch Sophie hat sich professionelle Hilfe gesucht. «Zuerst habe ich einen wirklich guten Eheberater gefunden. Aber nach dem Auszug meines Mannes brauchte ich ja eigentlich keinen Eheberater mehr, sondern eine Unterstützung für mich. Ich suchte mir einen sehr pragmatischen Therapeuten, der mir den Rücken stärkte und mit dem ich auch praktische Schwierigkeiten besprechen konnte. Ziemlich am Anfang nach der Katastrophe bin ich einmal in eine Runde von geschiedenen Frauen geraten», erzählt sie. «Aber da wurde nur über die Ex-Männer hergezogen, was diese Macker für üble Typen seien, überhaupt Männer ganz allgemein. Das war das einzige Thema, es war schrecklich. Diese Frauen beschäftigen sich nur mit sich selbst, mit dem, was ihnen angetan wurde. So was zieht einen nur runter, das hilft doch nicht weiter. Davon abgesehen kenne ich viele Männer, die ich sehr schätze. Auf die lasse ich nichts kommen …»

Als Alexandra begriff, dass es keine Hoffnung mehr für ihre Beziehung gab, überkam sie Trauer wie nach dem Tod eines nahen Menschen, und manchmal kam dann auch die Wut. «Obwohl ich eigentlich nicht zu Wutanfällen neige», sagt sie. «Trotzdem, Momente von Wut gab es durchaus!» Und lächelnd setzt sie hinzu: «Er hätte es wohl lieber gehabt, wenn ich wütend auf ihn losgegangen wäre. Dann», meint sie, «hätte er sagen können, zum Glück bin ich diese Zicke los.» Ihr Mann, so glaubt Alexandra heute, hat die Ablösung von seiner Mutter stellvertretend bei ihr vollzogen, im hohen Alter von fünfzig Jahren. Und er hat seinen jungen Schwarm genommen, wie Männer das eigentlich mit zwanzig tun müssten. «Ich war sehr froh, als bei mir endlich die Wut hochkam, das hat mir Distanz zum Ganzen gegeben. Ich hab dann mit mir allein geschimpft und ihm innerlich eine Szene gemacht.»

Regina hat sich während der «Trauerphase», die sich bei einer Trennung immer einstellt, vor allem als Opfer gesehen, besonders, nachdem ihr Mann ihr gesagt hatte, sie habe in der Beziehung alles richtig gemacht. «Wenn ich doch alles richtig gemacht habe, warum wurde ich dann verlassen?» Sie merkte aber rasch, dass die Opferrolle eine passive ist und dass sie sich so nicht weiterentwickeln konnte. «Ich musste für mich irgendwie eine Konstruktion finden, meinen Teil am Desaster definieren. Offenbar hatte ich doch etwas falsch gemacht, wenn mir mein Mann davonläuft!» Was war ihr eigener Anteil am Geschehen? «Offenbar bin ich meinem Mann irgendwie nicht gerecht geworden. Vielleicht habe ich mich allzu sehr in Sicherheit gewiegt, dass unsere Beziehung auf soliden Füßen steht, war irgendwo zu wenig achtsam, auch wenn ich noch nicht genau weiß, wo ich genauer hätte hinhören und hinschauen sollen.» Seit sie diesen Gedanken hat, ist sie kein Opfer mehr. «Auch wenn es nach wie vor Dinge gibt, die einfach eine Schweinerei waren. Und dabei geht es nicht darum, was er gemacht hat, sondern wie er es gemacht hat. Trotzdem sehe ich auch, was mein Anteil daran war. Ich habe nicht kapiert, was bei ihm abgeht.» Noch vor einem Jahr wäre es Regina nicht möglich gewesen, darüber zu reden, ohne in Tränen auszubrechen – heute kann sie es. «Es ist ein ungläubiges Zurückschauen – was für ein Programm lief da ab! Schwein gehabt, denke ich immer wieder, Glück gehabt!»

Auch Alexandra merkt jetzt, wie entspannt das Leben sein kann, wie sich neue Horizonte eröffnen. «Aber gleichzeitig ist eine gewisse Leichtigkeit aus meinem Leben verschwunden. Ich bin ein fröhlicher Mensch, aber ich habe durch die ganze Geschichte und den Verlust meines Mannes einen Teil meiner Leichtigkeit verloren. Er konnte mir immer das Gefühl vermitteln, es geht schon alles gut. Er war souverän und heiter, auch wenn es keinen Grund für diese positive Haltung gab. Ich bin ernsthafter. Der Zusammenbruch meiner Ehe war für mich eine nachhaltige Katastrophe. Schließlich ist mein ganzer Lebensentwurf durch die Trennung zerstört worden. Umso bewusster gehe ich heute Neues an. Gleichzeitig versuche ich, eine bewusste Dankbarkeit für alles zu empfinden, was mein Mann und ich an Gutem zusammen erlebt haben ...»

Auch Irmgard, deren Mann sich immer wieder neue Jüngere schnappte, hat überlebt – dank der Maxime: Einer muss doch funktionieren. Sie ließ ihren Mann ziehen, unter Schmerzen zwar und todunglücklich, aber nicht, weil sie sich als ohnmächtiges Opfer gefühlt hätte. «Als sich das erste Kind mit einer anderen Frau ankündigte, habe ich auf der Scheidung bestanden. Ich wollte nicht mehr mit ihm verheiratet sein, wenn das Kind geboren wird», erzählt sie.

Ihre Haltung hat ihr geholfen, den Schmerz und die Trauer zu überstehen. «Das war keine Leistung von mir», sagt sie, ganz alte Schule, «sondern Veranlagung. Ich musste so handeln, ich konnte mir keinen Absturz leisten. Nur selten, wenn ich alleine war, brach ich ein. Schlimmeres als den Tod der ältesten Tochter konnte es gar nicht mehr geben, dachte ich. Den Tod meines Sohnes ein paar Jahre später verkraftete ich aber noch schwerer. Zu meinem Freund hab ich mal gesagt: Es kann mich im Leben nichts mehr erschüttern. Ich habe gelernt, mit der Trauer zu leben und mich trotzdem an den schönen Dingen des Lebens zu freuen.» Und das hat sie dann auch getan. Sie ging eine sehr schöne Beziehung mit einem attraktiven Mann ein, der noch heute ein guter Freund der 69-Jährigen ist. Und ihre Tochter Sandra formuliert: «Mutter ist immer noch Vorbild für mich und unsere Mitarbeiterinnen. Sie hat sich nicht in der Trauer verloren, sondern konnte auch Schönes wie Musik, Berge, Freunde genießen und fröhlich sein.» Und wenn Irmgard ihrem Exmann Thomas heute zuschaut, hat sie zwar ein kleines Lächeln auf den Lippen, aber da ist auch immer noch ein ungläubiges Kopfschütteln und Staunen.

Ihre Wut darüber, dass er ihr von einem Tag auf den anderen auch noch die Kreditkarte sperrte, hat ihr geholfen, sich zu wehren und zu kämpfen.

Auch Céline, die von ihrem Mann durch eine dreißig Jahre jüngere Vietnamesin ersetzt wurde, ist heute noch schockiert – fast mehr als zu Beginn. Denn inzwischen hat sie herausgefunden, dass er bei der Scheidung nicht nur sie betrogen hat, sondern auch das Gericht und das Finanzamt.

Ihre Wut darüber, dass er ihr von einem Tag auf den anderen auch noch die Kreditkarte sperrte, hat ihr geholfen, sich zu wehren und zu kämpfen. Während ihrer Ehe hatte sie sich nie um geschäftliche und finanzielle Dinge gekümmert. Doch nach der Geschichte mit der Kreditkarte hat sich das geändert: «Ich habe jetzt alle Papiere, alle alten Bankauszüge und alle Ausgabenbelege gesichtet und chronologisch geordnet. Auf dieser Basis konnte ich auch als Nicht-Fachfrau eine Buchhaltung für die letzten Jahre erstellen. Diese Buchhaltung sieht völlig anders aus, als das, was er vor Gericht bei unserer Scheidung und bei der Steuer angegeben hat.» Und mit dieser Buchhaltung konnte Céline jetzt auch einen gewieften Anwalt dafür gewinnen, ihren Fall zu übernehmen, obwohl sie zurzeit nicht genügend Geld hat. «Nachdem er meine Unterlagen eingesehen hatte, war er einverstanden, erst nach dem Gerichtsverfahren Rechnung zu stellen. Er ist überzeugt, dass wir den Fall gewinnen werden.» Céline ist heute bereit, für ihr Recht zu kämpfen, und ganz langsam traut sie sich auch, daran zu denken, trotz ihrer sechzig Jahre ihre ursprüngliche künstlerische Ausbildung durch eine Weiterbildung aufzufrischen. «Aber eine Anstellung werde ich nicht mehr bekommen, wer würde schon eine so alte Frau wie mich noch anstellen.» Doch das kommt mit einer gewissen Koketterie, und wenn ich diese mädchenhafte 60-Jährige so beobachte und ihr zuhöre, so glaube ich, dass sie vielleicht keine Anstellung, aber ziemlich sicher wieder einen Mann finden wird, so wie sie sich das wünscht. Spätestens, wenn sie ihre finanzielle Situation mit ihrem Mann geklärt und die Ungerechtigkeit beseitigt hat. Überhaupt, all meine Gesprächspartnerinnen wollen wieder eine Beziehung, da ist keine Spur von Beziehungsmüdigkeit oder davon, die Nase voll zu haben von den Männern im Allgemeinen. Aber keine von ihnen wollte sofort einen «Ersatzmann», alle haben sich zunächst bewusst in die «Trauer- und Aufräumphase» begeben. Erst als sie wieder bei sich waren, im besten Sinne des Wortes, begannen sie zu suchen.

Wie ist Andrea damit umgegangen, dass ihr unkommunikativer Mann sich mit einer Internet-Bekanntschaft vor der Arbeit an der Beziehung drückte? Auch Andrea war zunächst in tiefe Trauer gestürzt: «Mir wurde schmerzhaft klar: Es gab nicht nur keine gemeinsame Zukunft, sondern auch kein gemeinsames Erinnern mehr an all das Schöne und Wichtige, das wir als Paar erlebt hatten. Das war für mich ein betäubender Verlust.» Doch auch bei Andrea wechselten sich Trauer und Wut immer schneller ab, und mit der Energie der Wut hat sie die Scherben der Ehe aufgeräumt: «Mein Mann war für nichts mehr zu haben, er hat alles mir überlassen. Ich durfte das Haus verkaufen, den ganzen Umzug alleine durchziehen.» Sie hat den Scherbenhaufen organisiert, suchte für sich und die Kinder ein neues Zu Hause und richtete sich neu ein. «Die viele Arbeit hat mir geholfen, das Alleinsein auszuhalten», erzählt

> *Der Lebenslauf entwickelt sich zur unverwechselbaren und einmaligen Geschichte, zu einem Abenteuer, über das die Person nicht in vollem Umfang selbst verfügt. Was im Moment als Katastrophe erscheint, kann Ausgangspunkt positiver Entwicklungen sein; was für einen selbst sinnlos erscheint, kann für andere sinnvoll sein und indirekt sinnstiftend auf die Person zurückwirken.*
> JÜRG WILLI, PSYCHOLOGIE DER LIEBE

sie. Das Alleinsein war für sie das Schlimmste: «Wir hatten zwar in den letzten Jahren nicht mehr viel miteinander geredet. Er war ja vorwiegend stumm. Aber ich wusste wenigstens, da war noch jemand.»

Andrea hat es geholfen, dass sie sehr gesellig ist und über die Jahre viele Kontakte gepflegt hat. Trotzdem blieb eine unangenehme Leere zurück. Inzwischen hat Andrea berufsbegleitend ein Studium begonnen und stößt damit in völlig neue Welten vor. «Zu Beginn kam ich mir schon seltsam vor, so als 50-Jährige unter all diesen jungen Leuten. Erst fühlte ich mich richtig alt. Aber ich hatte schnell Kontakt, wir alberten viel herum, und plötzlich war der Altersunterschied nicht mehr so wichtig.» Andrea hat sich dann bei einer Internet-Partnervermittlung eingeloggt. «Zunächst war es schon schwierig. Da kommen so viele unbrauchbare Meldungen. Und es sind viele Männer im Netz, die sich ein Hobby daraus machen, auf die Jagd nach Abenteuern zu gehen.» Doch Andrea lernte, wie man mit dieser Art der Kontaktaufnahme umgehen muss, und fand sogar Spaß an der Anonymität des geschützten Mail-Verkehrs. «Ich habe tatsächlich ein paar Männer kennengelernt, die dann später zu guten Freunden wurden. Doch ich wusste, irgendwann würde ich mich auf einen ersten Mann einlassen müssen. Ich hatte während dreißig Jahren immer nur mit dem gleichen Mann Sex gehabt und war mir ziemlich unsicher über meinen Marktwert. Da hab ich mir einfach einen geeigneten

> *«Ich erkannte nach einem Jahr, dass ich das Alleinsein nicht lustig fand. Ich wollte wieder einen Partner haben, aber dann kam die Frage, wie fange ich das an?»*

Mann ausgesucht, um genau das mal wieder auszuprobieren.» Der Test war für sie sehr befriedigend. Er hat sie die Angst verlieren lassen, im Bett ungenügend zu sein. Inzwischen hat sie sich auf eine neue Partnerschaft eingelassen und sieht staunend zu, wie anders und entspannt es mit dem Neuen ist.

Auch Sophie hat auf diesem Weg einen neuen Partner gefunden. «Ich erkannte nach einigen Jahren, dass ich auf Dauer nicht allein bleiben wollte. Ich wünschte mir wieder einen Partner, aber dann kam die Frage, wie fange ich das an? Ich beschloss, bei einer Partnervermittlung im Netz einzusteigen, und überlegte mir sehr gut, was ich dort platzierte. Ich war mir sicher, dass der neue Mann wirklich erwachsen sein sollte. Ich hatte einfach keine Lust mehr, immer die Rolle der Reflektierenden, Vernünftigen, Ernsthaften zu übernehmen. Mein neuer Partner sollte diesen Teil selbst leben, damit ich meinerseits meine Leichtigkeit leben kann.»

> *«Mit meinem neuen Partner ist das alles lockerer. Er macht manches anders als ich und umgekehrt, wir können das so stehen lassen.»*

Sophies neuer Partner hat eine schwierige, schmerzvolle Scheidung hinter sich. Nicht zuletzt deswegen hat er eine andere Einstellung zum Leben als ihr erster Mann, findet andere Dinge im Leben wichtig. «In unserer Ehe haben mein Mann und ich uns oft über eigentlich banale Dinge gestritten, wie man sich halt so streitet als Paar mit Kindern, meist über die Organisation des Haushaltes. Mit meinem neuen Partner ist das alles lockerer. Er macht Dinge anders als ich und umgekehrt, wir können das so stehen lassen. Wir haben beide schon Schlimmes erlebt, sind sehr viel gelassener heute und wissen, was zählt. Er ist einfach gefestigter.

Und er hat, was ich sehr schätze, auch Verständnis dafür, wenn ich mal weniger gut drauf bin. Ich darf auch mal sagen, du, dieses Wochenende mag ich gar nichts machen, ich will einfach nur im Bett bleiben, Musik hören, ein Buch lesen. Er lacht dann, findet es wunderbar und unternimmt selber etwas.»

Wer von meinen Interviewpartnerinnen wieder in einer Beziehung ist, lebt diese anders als zuvor. Die Beziehungen funktionieren nicht mehr nach dem Muster der einseitigen thermischen Wärmeabgabe, sondern gleichberechtigter und gleichzeitig unabhängiger und entspannter. Cheryl Benard und Edith Schlaffer benutzen dafür in ihrem Buch «Physik der Liebe» das Bild der zwei Steine, die nebeneinander ins Wasser geworfen werden. Die dadurch entstehenden Wellenringe überschneiden sich, ohne sich gegenseitig in ihrer Stärke, Form oder Bewegung zu beeinflussen.

Wenn Männer mitten im Leben und mitten in einer Beziehung mit Kindern plötzlich ausscheren und eine Jüngere nehmen, dann kann das mehrere Gründe haben. Entweder werden sie von «Ungelebtem» überschwemmt und möchten «endlich leben». Oder sie brechen aus einer Beziehung aus, in der sie der Ehefrau die Mutterrolle zugedacht haben, und suchen nun die Ablösung von «Mutter». Oder sie wollen den Wandel in der Mitte des Lebens nicht wahrhaben und versuchen, mit einer Jüngeren jung zu bleiben. Oder sie sind nicht bereit, im neuen Lebensabschnitt nach der Zeit mit den Kindern eine gleichberechtigte Partnerschaft auszuhandeln, und suchen deshalb eine Beziehung, in der ein Gefälle herrscht: finanziell, alters- und erfahrungsmäßig, damit sie «an der Macht bleiben» können, wie sie es zu Beginn der Beziehung zur Ehefrau und vor der Geburt der Kinder vielleicht einmal waren.

Oder aber sie erliegen ganz einfach dem sexuellen Reiz der Jugend und lassen sich auf ein Vater-Tochter-Verhältnis ein. Manchen geht es dabei am Ende nicht sonderlich besser.

Wenn Frauen mitten im Leben und in einer Beziehung mit Kindern plötzlich von ihrem Mann verlassen werden, dann müssen sie zuerst einmal unten durch. Sie müssen die ganze «Aufräumarbeit» allein leisten, müssen schauen, wie sie weiterkommen. Zu Beginn sieht es so aus, als hätten die Frauen dabei eindeutig den Kürzeren gezogen. Sie sind an ihrem Lebensentwurf gescheitert. Bei näherem Hinsehen zeigt sich aber, dass Frauen am Ende gestärkt aus diesem Bruch hervorgehen, als hätten sie sich neu erfunden: stärker diesmal, bestimmter, selbstständiger. Sie sind durch die Hölle gegangen, durch die Trauer, durch die Wut, und was sie am Ende daraus mitnehmen, macht sie selbstbewusster und bringt sie näher zu sich selbst. Sie wissen nun genauer, was sie wollen. Wenn sie aus der Opferrolle herausfinden und ihren Anteil am Geschehen erkennen, dann packen sie das Neue. Sie sind gewachsen.

Wenn die verlassenen Frauen aus der Opferrolle herausfinden und ihren Anteil am Geschehen erkennen, dann gelingt es ihnen auch, ein neues Leben zu beginnen. Sie sind gewachsen.

Einsichten

- Wenn Frauen aus der Opferrolle herausfinden, gehen sie letztlich gestärkt in ihr neues Leben.
- Sie finden einen neuen Zugang zu sich selber, zu ihren Wünschen, Stärken und Hoffnungen.
- Sie definieren ihre Zielvorstellungen für ihr weiteres Leben neu.

Und das sagen die Fachleute:

«Verlassene Frauen haben das Gefühl versagt zu haben», sagt Syl Edelmann-Hollenstein. «Wenn sie es dann näher betrachten, können sie dieses Gefühl aber fallen lassen. Das Versagen betrifft – wenn schon – beide. Der Prozess des Kinder-Habens, die Gestaltung der Beziehung, der Lebensplan, alles ist zu zweit ausgehandelt worden, bewusst oder unbewusst.» Den Bruch als Versagen zu betrachten hilft auf die Dauer nicht weiter. Die Frage ist vielmehr: Was ist alles schiefgelaufen, und was würde ich beim nächsten Mal anders machen? Wie möchte ich in einer nächsten Beziehung das Zusammenleben, die gegenseitigen Rollen und Freiräume gestalten?

«Ob nun die Hilfe von Freundinnen kommt oder von einer Therapeutin, zu Beginn geht es ums nackte Überleben», so Maria Kapossy. «Unser Bestreben in der Therapie ist es dann, dass unsere Klientinnen beginnen, ein eigenes Ziel für sich zu definieren.» Aber das ist am Anfang noch nicht so klar. Zunächst muss das Geschehene sortiert werden: Was hat mit mir zu tun und was gehört zu meinem Ex? Die Frauen fragen sich zunächst ängstlich: Was hat ihn von mir weggetrieben? War es mein Aussehen, der Sex oder sonst

etwas? Wichtig sind aber die Fragen: Was war mein Anteil am Scheitern unserer Ehe, was kann ich daraus lernen. «Dieses Aufräumen und Zuordnen ist Teil einer gut laufenden Therapie», sagt Kapossy, «es ist eine Voraussetzung fürs Loslassen.» Die Frau erlebt sich als autonom, wenn sie das Geschehene einordnen kann, ihre Rolle, ihren Anteil erkennt. Viele Frauen formulieren in dieser Aufräumarbeit ihren Verlust: Sie haben keinen Partner mehr, keinen Sex mehr. «Der Verlust der Sexualität wird stark erlebt dort, wo es mit dem Partner noch funktioniert hat. Gleichzeitig kommt die Angst hoch, ob sich je wieder ein Mann findet.» Natürlich ist Sex ein heikles Thema. Es ist ein wirkliches Vertrauensverhältnis zu den Freundinnen oder zur Therapeutin nötig, um darüber reden zu können. «Bei diesem Aufräumen», sagt Syl Edelmann-Hollenstein, «beginnen die Frauen auch ihre Sexualität zu hinterfragen. Wie stark wurde sie benutzt, um den Selbstwert der beiden Partner zu bestätigen? Wie stark haben wir einfach Bilder gelebt, die gar nicht von innen heraus kommen, sondern von außen? Wie wäre meine Sexualität, wenn sie nur von innen käme?»
Wenn dieses Aufräumen positiv verläuft, dann steht am Ende die Frau mit einer neuen Selbstdefinition da, viele Bereiche werden ganz neu gesichtet, und es beginnt sich nach und nach ein Bild davon zu zeigen, wie man wirklich ist. Die Frau hat sich neu gefunden. «Eine Klientin formulierte, sie habe nun zum ersten Mal das Gefühl, auf eigenen Beinen zu stehen. Nach einer langen Phase des Leidens war sie bei sich selber angekommen, und ihr gefiel, was sie da sah», erzählt Maria Kapossy. «Im positiven Fall lernen die Frauen sich selber besser kennen und zu akzeptieren. Dann können

sie dem Ganzen auch etwas Gutes abgewinnen. Es war die Hölle, das Schlimmste, was mir in meinem Leben passiert ist, aber ich habe dadurch etwas gewonnen, sagen sie dann.» Beim Abschluss der Therapie erlebt sie die Frauen meist noch als etwas zaghaft. «Viele wollen zunächst alleine sein. Sie genießen den Kontakt zu den Freundinnen. Sie sagen, heiraten muss ich nicht mehr, aber irgendwann wäre ein guter Partner etwas Schönes.» Sofort wieder einen Partner suchen wollen die meisten nicht. Risikofreudige Frauen erlauben sich mit der Zeit vielleicht ein sexuelles Abenteuer, sie probieren mal aus, wie das ist. Sie wollen wissen: Kann ich noch flirten, kann ich noch bei einem Mann landen? «Wenn das Spaß macht und gut tut, dann ist das sicher sehr wertvoll», betont die Psychotherapeutin.

Auffällig in all unseren Gesprächen ist, dass viele Frauen mehr oder weniger bewusst ein Trauerjahr einlegen. Manche sagen ganz klar: Ich will einmal Weihnachten, einmal Geburtstag ohne ihn gefeiert haben. Ich will einmal die Steuerrechnung alleine gemacht haben und mir beweisen, dass ich selber mit dem Geld haushalten kann. «Viele merken erst im Nachhinein, dass es rund ein Jahr gedauert hat», sagt Kapossy, «bis sie im neuen Leben angekommen sind.» Wenn die Frauen beginnen, selbstständig Aktivitäten zu entwickeln, sei es, einen Kurs zu besuchen, eine Reise zu buchen oder auch ein neues Mandat anzunehmen an der Arbeitsstelle oder bei einem Verein – wenn sie Neues ausprobieren –, dann ist das Schlimmste vorbei, dann beginnt das neue Leben. «Eine Klientin erzählte mir kürzlich, jetzt hätte sie kurzerhand eine neue Wohnung gemietet. Wenn er ausziehen könne, könne sie das auch», erzählt Kapossy.

«Sie hatte keine Lust, im alten Mief zu bleiben, wo alles an ihn erinnerte. Das ist ein guter Ansatz», meint Maria Kapossy. «Sich lösen aus dem Alten und aufbrechen zu neuen Ufern.»

Schlusswort

Jede Krise hat zwei Seiten. Auf der einen Seite das Risiko abzustürzen, auf der anderen Seite die Chance, gestärkt daraus hervorzugehen. Und jede Krise ist ein Lösungsversuch für ein bestehendes, wenn vielleicht auch nicht ausgesprochenes Problem. Wenn wir in einer Krise die Chance zur Lösung erkennen, geht das Leben auf frische Art weiter, allein oder zu zweit. Danach sind wir selbstbestimmter, selbstbewusster. Was wir überleben, macht uns stärker.

In diesem Buch kommen rund dreißig Menschen zu Wort, die sich intensiv mit solch einer Krise auseinandergesetzt haben, sei es, weil das Leben sie herausforderte, oder, weil sie auf der anderen Seite professionelle Hilfe in Krisen anbieten. Ihnen allen möchten wir danken. Die Offenheit, mit der sie uns und unseren Fragen begegneten, erstaunte uns immer wieder. Wir danken Céline, Alexandra, Markus, Thomas, Sandra, Barbara, Karl-Heinz und all den Anderen, die in Wirklichkeit ganz anders heißen, dass sie uns ihre Geschichte und ihre Gedanken dazu erzählt haben. Es waren oft aufwühlende Gespräche. Aber sie haben sich gelohnt. Wir Menschen lernen nun mal durchs Erzählen und durchs Zuhören.

Wir bedanken uns auch bei unseren Kollegen Maria Kapossy und Rafael Kamp (eff-zett Fachzentrum), welche in Zug (Schweiz) ihre psychologische Praxis betreiben, dann bei den Kollegen Peter Schröter, Horst Kraemer, Syl Edelmann-Hollenstein, die in Zürich täglich daran arbeiten, dass Menschen gestärkt aus Krisen hervorgehen. Diese Gespräche haben uns sehr geholfen. Wir alle gehen immer wieder durch Krisen hindurch. Und wir alle versuchen herauszufinden, was in Krisen hilfreich ist, um jene Seite der Krise zu fördern, auf der «Chance» steht. Wir haben in diesen Gesprächen einmal mehr gelernt, wie wichtig Beziehungen für uns Menschen sind, ja, wie lebenswichtig sie sind, und dass es sich lohnt, daran zu arbeiten. Und wir freuen uns über jeden, der den Mut findet, über sich und seine Beziehungsfähigkeit nachzudenken, um das «Abenteuer Beziehung» weiterzuentwickeln. Es gibt nichts, was spannender wäre als die Beziehungen zwischen uns Menschen.

Dann möchten wir uns auch bei der Programmleiterin Pia Hiefner-Hug und bei unserer Lektorin Dörthe Binkert ganz herzlich bedanken. Ihr Nachfragen und ihre Ansprüche haben uns herausgefordert, Antworten zu suchen und zu finden. Ihr Vertrauen und ihre Wertschätzung haben uns angespornt. Es gibt nichts, was belebender wäre als Herausforderungen.

Und dann vielleicht noch ein Wort über uns. Wir arbeiten als Coach für Paare und wir haben dieses Buch als Paar geschrieben. Doris Carmen hat mit Frauen gesprochen, Charles mit Männern. Diese unterschiedlichen Sichtweisen und Seelenlagen haben wir zusammengetragen und manchmal nächtelang diskutiert. Sie als Anwältin der Frauen, er als Anwalt der Männer. Bei diesen Gesprächen haben wir enorm viel gelernt über uns und darüber, wie Männer und Frauen miteinander Beziehungen herstellen. Es gibt nichts, was hilfreicher wäre, als miteinander zu reden. Und einander gut zuzuhören.

Weiterführende Literatur

Benard, Cheryl und Schlaffer, Edit: Physik der Liebe, Kösel, München 2001

Bly, Robert: Eisenhans. Ein Buch über Männer. Kindler, München 1991

Chandernagor, Françoise: Die erste Frau. Das Protokoll einer verlassenen Frau. Piper, München 2001

Christinger, Doris und Schröter, Peter: Vom Nehmen und Genommen werden. Für eine neue Beziehungserotik. Pendo, München 2009

Clement, Ulrich: Wenn Liebe fremdgeht. Vom richtigen Umgang mit Affären. Marion von Schrö der, Berlin 2009

Diamond, Jed: Der Feuerzeichen-Mann. Wenn Männer in die Wechseljahre kommen. C.H. Beck, München 2009

Hollstein, Walter: Geschlechterdemokratie. Männer und Frauen: besser miteinander leben. Verlag für Sozialwissenschaften, Wiesbaden 2004

Jellouschek, Hans: Warum hast du mir das angetan? Untreue als Chance. Piper, München 1997

Jellouschek, Hans: Wie Partnerschaft gelingt – Spielregeln der Liebe. Beziehungskrisen sind Entwicklungschancen. Herder, Freiburg 2009

Kast, Verena: Trauern. Phasen und Chancen des psychischen Prozesses. Kreuz, Stuttgart 1999
Kraemer, Horst: Trauma-Bewältigung. Wege aus der persönlichen Katastrophe. Orell Füssli, Zürich 2005
Meyer, Charles und Schröter, Peter: Die Kraft der männlichen Sexualität. Lebensbilder für Männer. Pendo, Zürich 2003
Naouri, Aldo: Wenn der Partner fremd geht. Die Ursachen der Treulosigkeit in der Partnerschaft. Kreuz, Stuttgart 2007
Onken, Julia: Geliehenes Glück. Ein Bericht aus dem Liebesalltag. C.H. Beck, München 1992
Petri, Horst: Das Drama der Vaterentbehrung. Chaos der Gefühle – Kräfte der Heilung. Herder, Freiburg 1999
Schnarch, David: Die Psychologie sexueller Leidenschaft. Klett Cotta, Stuttgart 2006
Wiederkehr, Katrin: Lieben ist schöner als siegen. Verrat und Versöhnung bei Paaren. Pendo, Zürich 2005
Willi, Jürg: Psychologie der Liebe. Persönliche Entwicklung durch Partnerbeziehungen. Klett Cotta, Stuttgart 2002
Wolf, Doris: Wenn der Partner geht. Wege zur Bewältigung von Trennung und Scheidung. Pal, Mannheim 2004